VOIR L'HISTOIRE

DOMINIQUE JOLY

La Révolution française

FLEURUS
fleurusvoir.com

Texte : Dominique Joly
Édition : Françoise Ancey
Direction artistique : Isabelle Mayer et Armelle Riva
Mise en page : F. Egret pour Amulette
Fabrication : Aurélie Lacombe et Thierry Dubus

Film : *La Révolution française*, Quelle Aventure !

Prémastéring : Studio DVDPartners

Un grand merci à Pauline Lacroix pour son aide très précieuse.

Dépôt légal : octobre 2011
ISBN : 978 2215 10715 6
Code MDS : 591397
N° d'édition : M13132
2e édition - août 2013

Photogravure : Amalthea
Achevé d'imprimer sur les presses de l'imprimerie TWP en Malaisie.
Loi n° 49-956 du 16 juillet 1949 sur les publications destinées à la jeunesse.

Petit mode d'emploi...

Un texte introductif ouvre la double page sur le thème abordé.

Des légendes permettent de replacer les documents dans leur contexte.

Vive la République !

À l'instant même où est proclamée la naissance du nouveau régime, ce cri puissant est poussé d'une seule voix par les députés de la Convention, le 21 septembre 1792, le lendemain de la victoire de Valmy. Mais bientôt malentendus et rivalités éclatent au grand jour.

Le roi est emprisonné au Temple avec sa famille, sa femme, ses deux enfants et sa sœur, Madame Élisabeth. Son valet de chambre, Cléry, veille sur lui.

LA GUILLOTINE

Elle doit son nom au docteur Guillotin, député de l'Assemblée constituante qui propose, en 1791, de confier la mise à mort des condamnés à une machine chargée de les décapiter en évitant toute souffrance inutile. Surnommée « rasoir national » ou « la veuve », elle dresse sa sinistre silhouette à Paris, place de la Révolution et place du Trône renversé (actuelle place de la Nation) pour devenir le symbole de la Révolution qui se radicalise. (Voir DVD, chap. 2)

Les forces politiques en présence

La **Convention** est la première assemblée élue au suffrage universel*. Mais les 749 députés n'ont été choisis que par une minorité de la population, la majorité s'étant abstenue par indifférence, par ignorance ou par crainte. Sur les bancs se tiennent trois groupes aux sensibilités politiques différentes. À droite, les **Girondins** rassemblés derrière Brissot, Vergniaud et Roland. Révolutionnaires modérés, ils s'inquiètent des excès du peuple parisien et cherchent à réduire l'influence de Paris par rapport aux autres départements. À gauche, sur les sièges les plus élevés, se tiennent les **Montagnards** (d'où leur nom) réunis autour de Marat, Robespierre et Danton. Partisans d'une République démocratique, ils cherchent à s'allier aux sans-culottes et sont prêts à limiter la liberté et la propriété pour faire triompher la Révolution. Au centre, la **Plaine** ou le **Marais** rassemble une majorité d'hommes prudents, dont Sieyès, aux opinions changeantes. Jusqu'en juin 1793, ils soutiennent les Girondins.

À son procès, Louis XVI nie toutes les accusations. De toute évidence, il ne se sent pas coupable. Même ses pires adversaires sont surpris par son calme et sa grande dignité.

Que faire du roi ?

Cette question divise Girondins et Montagnards dès octobre 1792. Si les premiers veulent épargner Louis XVI, les seconds veulent son jugement et sa mort. Non par haine particulière, mais par principe. La découverte aux Tuileries, en novembre 1792, d'une armoire de fer contenant les lettres échangées entre le roi et les souverains étrangers rend le procès inévitable. Il se tient à partir du 13 novembre et voit s'affronter les Girondins qui demandent la clémence et les Montagnards, l'exécution. En votant oralement à la tribune, un grand nombre de députés indécis se laissent entraîner par l'enthousiasme ou par la crainte. À une voix de majorité (361 contre 360), Louis XVI est condamné à mort le 16 janvier 1793.

L'exécution du roi

Le 21 janvier 1793, sur la place de la Révolution (actuelle place de la Concorde), Louis XVI meurt courageusement. Les mains liées, il gravit les marches de l'échafaud sans trembler et s'adresse à la foule : « Je meurs innocent de tous les crimes qu'on m'impute. Je pardonne aux auteurs de ma mort, et je prie Dieu que le sang que vous allez répandre ne retombe jamais sur la France ». Puis les tambours se mettent à battre et le triangle d'acier tombe. Lorsque le bourreau brandit à bout de bras la tête royale pour la montrer au peuple, un cri immense monte vers le ciel : « Vive la République ! » Par cet acte qui a une portée considérable, la France révolutionnaire défie l'Europe.

Exécution de Louis XVI, le 21 janvier 1793.

Des encadrés proposent un éclairage particulier sur un thème précis.

Une frise déroulée sur l'ensemble du livre, apporte des informations en rapport avec la double page.

L'astérisque (*) signale les mots expliqués dans le lexique p. 60.

Les pictogrammes de la frise aident à identifier la nature de l'information :

Politique

Massacre et exécution

Religion

Hommes

Architecture

Économie

Militaire

Culture

Géographie

Record

Sciences et techniques

Vie quotidienne

Scandale

Sommaire

10 mai 1774
À la mort de son grand-père Louis XV, Louis XVI devient roi. Depuis l'âge de 15 ans, il est l'époux de Marie-Antoinette, fille de Marie-Thérèse d'Autriche et de l'empereur François Ier. Éduqué dans l'esprit des Lumières, il voudrait améliorer le sort de son peuple.

26 août 1774
Turgot, nommé contrôleur général des Finances, propose une refonte du système économique. Mais une coalition de nobles privilégiés obtient son renvoi en mai 1776. « N'oubliez pas, Sire, que c'est la faiblesse qui a mis la tête du roi d'Angleterre sur le billot », écrit-il au roi.

« Mon Dieu, nous régnons trop jeunes ! »

C'est en montant sur le trône en 1774 que Louis XVI, âgé de 20 ans, murmure ces mots. Pourtant, placé à la tête d'un royaume peuplé où bouillonnent idées, expériences et nouvelles techniques, il a toutes les raisons d'entrevoir l'avenir avec confiance...

Un pays puissant

En cette fin de XVIIIe siècle, la France est incontestablement la première puissance européenne. Grâce au recul de la mortalité, la population ne cesse de croître depuis le début du siècle : le pays compte 28 millions d'habitants en 1789. Ainsi apparaît un vaste marché intérieur où le commerce, facilité par un réseau de routes pavées et de canaux, se développe, et où la production agricole et manufacturière s'accroît. Par ailleurs, le mouvement de longue durée de hausse des prix amorcé vers 1730 stimule l'économie. Il gonfle les revenus de la terre, de l'industrie et du commerce.

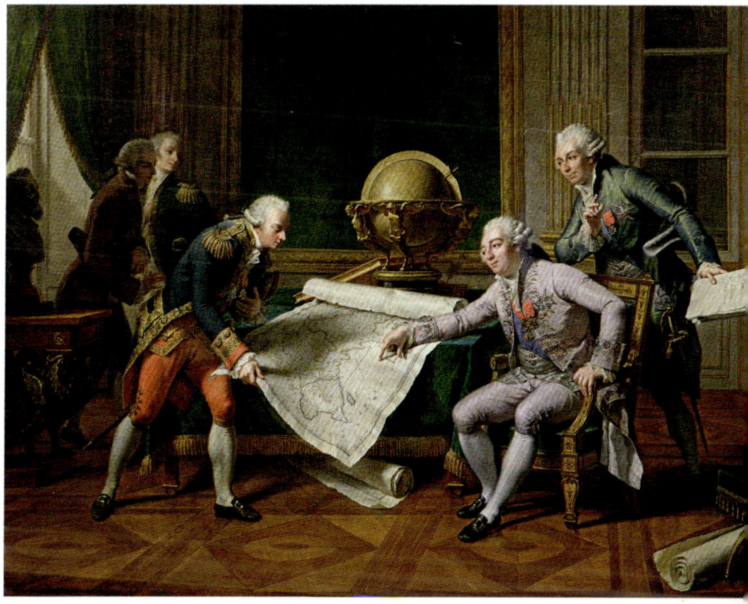

Passionné de géographie et d'exploration, Louis XVI donne ses instructions au comte de La Pérouse avant son expédition dans le Pacifique nord en 1785.

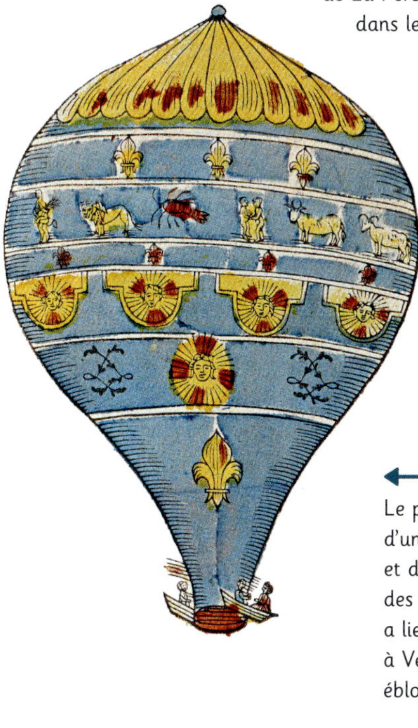

Le premier vol « habité » d'un canard, d'un mouton et d'un coq dans un ballon des frères Montgolfier a lieu en septembre 1783, à Versailles, sous les yeux éblouis de Louis XVI.

Une France avide de progrès

Dans ce pays en mouvement, la nouveauté est à l'ordre du jour. En 1770, Cugnot lance sa machine, ancêtre de l'automobile. Le premier bateau à vapeur remonte le Rhône en 1776, le ballon à air chaud des frères Montgolfier s'élève dans les airs en 1783. Inventions et applications techniques de plus en plus nombreuses passionnent. Elles sont présentées dans des livres comme l'*Encyclopédie*. Cet ouvrage colossal de 35 volumes, achevé en 1772, fait état des connaissances scientifiques de l'époque ainsi que des idées des penseurs des Lumières, comme Voltaire, Rousseau ou Montesquieu. En mettant au centre de la réflexion la raison et l'esprit critique pour faire triompher les « lumières » du progrès et de la connaissance, elles déchaînent l'enthousiasme. Les journaux et les affiches contribuent à leur diffusion. Peu à peu naît une opinion publique prête à se faire entendre.

4 juillet 1776
Les représentants des treize colonies d'Amérique du Nord en guerre depuis un an contre l'Angleterre se réunissent à Philadelphie pour rédiger et proclamer la Déclaration d'indépendance. Elle énonce pour la première fois les droits de l'homme.

30 mai 1778
Mort de Voltaire qui, par ses écrits, se met au service de la vérité, de la justice et de la liberté de pensée. Le 2 juillet meurt Jean-Jacques Rousseau, un autre philosophe des Lumières, qui a critiqué très fermement la société.

Un État et une société bloqués

Même si le roi est un souverain absolu* qui décide de tout, que peut Louis XVI à la tête d'un État vieilli, incapable de se réformer, et d'une société figée, parcourue de tensions ?

Les nobles les plus riches goûtent ce que Talleyrand appelle « la douceur de vivre » dans de somptueuses demeures.

Un puzzle administratif

Louis XVI hérite d'un royaume peu unifié où l'administration peine à être efficace. Les circonscriptions* militaires, judiciaires et financières se chevauchent. La justice dépend des lois écrites dans le Sud, non écrites dans le Nord. Selon l'endroit où l'on habite, c'est la justice du roi, ou bien celle de l'Église, ou encore celle du seigneur qui s'applique. Certaines provinces disposent d'assemblées alors que d'autres sont soumises directement au pouvoir du roi. Des douanes intérieures les séparent. Les poids et mesures n'ont pas partout la même valeur. L'impôt qui taxe le sel, la gabelle, a six tarifs différents... Que d'entraves au bon fonctionnement d'un État moderne !

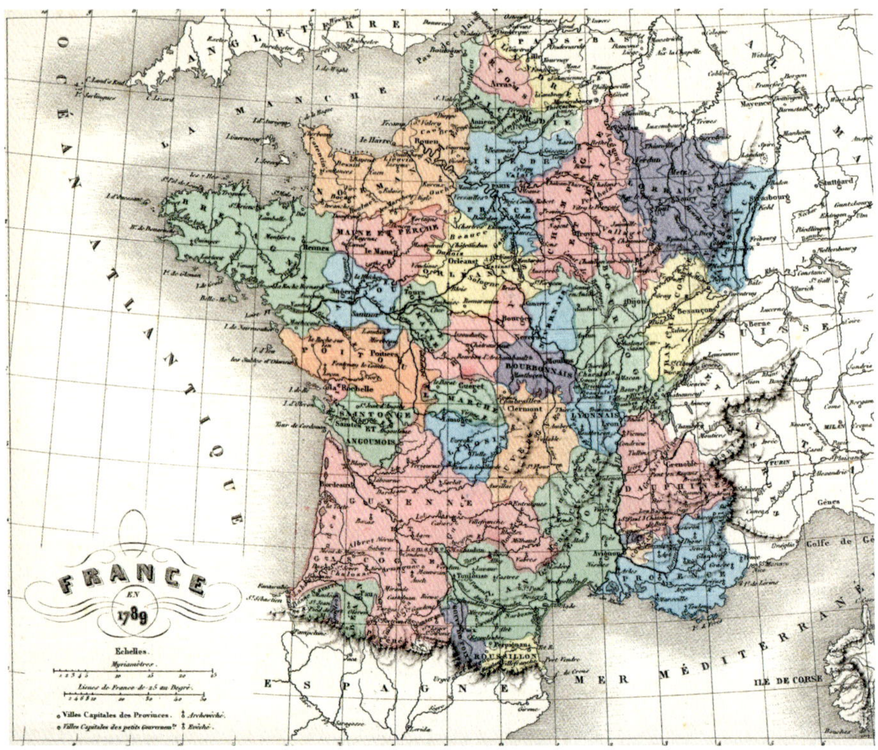

Dans la France de l'Ancien Régime, les territoires étaient juxtaposés mais conservaient leurs particularités.

hiver 1778-1779
Lors de sa troisième expédition, le navigateur britannique James Cook hiverne aux îles Hawaï qu'il vient de découvrir après avoir cherché en vain le passage au nord de l'Amérique, entre l'Atlantique et le Pacifique. Il est tué en février 1779, lors d'un affrontement avec les habitants.

19 octobre 1781
À Yorktown, en Virginie, l'armée anglaise capitule face aux colons d'Amérique qui ont reçu l'aide du gouvernement français. Dans le traité de Paris signé le 3 septembre 1783, l'Angleterre reconnaît l'indépendance des treize colonies.

Pour être acheminées à travers le territoire, les marchandises sont taxées après avoir été pesées. Un véritable casse-tête dans un pays où les poids et les mesures n'ont pas la même valeur d'une province à l'autre.

VIVRE NOBLEMENT

C'est le droit de porter l'épée, de posséder le droit de chasse et d'avoir son banc réservé ainsi que sa sépulture dans l'église. En cas de condamnation à mort, c'est encourir la décollation (tête tranchée) et non la pendaison comme les autres. C'est être exempté des corvées, du logement des gens de guerre et de la taille, le principal impôt direct. Autant de privilèges qui donnent aux nobles une grande supériorité sociale.

Une société d'ordres paralysée

Depuis le Moyen Âge, la société est organisée en trois ordres, ou états, selon une hiérarchie bien réglée. Mais dans un monde en mouvement, cette organisation paraît de plus en plus inadaptée.

• **Premier ordre : le clergé.** Il compte environ 130 000 personnes. Sa richesse et son influence sont considérables. Il assure l'assistance aux pauvres et aux malades dans les hôpitaux, l'enseignement dans les collèges ainsi que l'état civil*. Mais cet ordre influent est désuni. Qu'ont en commun les abbés issus de la noblesse menant grand train avec les moines recrutés parmi le peuple ou la bourgeoisie ?

• **Deuxième ordre : la noblesse.** Elle s'acquiert par la naissance et surtout par l'exercice de charges (métiers) anoblissantes vendues par le roi. Elle rassemble 300 000 personnes qui détiennent d'immenses propriétés et de petites industries. Ses privilèges sont multiples (*voir encadré*). Pour faire face à la hausse des prix qui compromet son niveau de vie, elle cherche à augmenter ses revenus.

• **Troisième ordre : le tiers état.** Il regroupe le reste de la population, dont une bourgeoisie enrichie, acquise aux idées des Lumières, et insatisfaite, aspirant à jouer dans la société un rôle politique en accord avec sa puissance économique. Son mécontentement rejoint celui des paysans en conflit avec leurs seigneurs.

La réforme impossible

Autant de tentatives, autant d'échecs. Louis XVI, éduqué dans l'esprit des Lumières, cherche à améliorer l'état de son royaume. Il fait appel à des ministres des Finances de talent, tels Turgot, Necker, Calonne et Loménie de Brienne, proposant tour à tour une réforme fiscale. Mais le roi se heurte à l'hostilité des **privilégiés**, les nobles, qui refusent le principe de l'égalité de tous devant l'impôt. Par faiblesse, il n'ose leur tenir tête et ignore que le régime court à sa perte.

Les paysans composent l'écrasante majorité du tiers état. Même si leur vie s'est améliorée depuis le début du siècle, ils sont « nés pour la peine ».

1er août 1785
Départ de l'expédition scientifique de La Pérouse, chargé par le roi Louis XVI de concurrencer les Anglais dans leur exploration du Pacifique nord. Mais la mission s'achève en 1788. *La Boussole* et *L'Astrolabe* heurtent des récifs dans les îles Salomon et sombrent corps et biens.

15 août 1785
Arrestation à Versailles du cardinal de Rohan compromis dans l'affaire du collier. Soucieux de conquérir les faveurs de Marie-Antoinette, il négocie l'achat d'un somptueux collier. Victime d'escrocs, il sera innocenté, mais ce scandale éclabousse gravement la réputation de la reine.

L'impasse

Caisses de l'État vides, valse des ministres, révolte des parlements : rien ne va plus dans le royaume de France. Et quand le climat s'en mêle, avec son cortège de gelées, de pluies, de grêle, le pire est à venir.

« Ma fille court à grands pas vers sa ruine », écrit la mère de Marie-Antoinette à l'ambassadeur de France à Vienne en 1775.

Une crise financière insoluble

Depuis le début du XVIIIe siècle, le royaume souffre d'un déficit chronique. Les impôts mal perçus et mal répartis ne suffisent pas à couvrir les dépenses de la Cour et le financement des guerres en constante augmentation. L'aide à la guerre d'Amérique, payée à coups d'emprunts, est un gouffre. Elle aggrave la dette de l'État. La réforme de l'impôt devient indispensable : prendre l'argent où il se trouve, c'est-à-dire faire payer les privilégiés. L'opinion s'inquiète et cristallise sa rancœur envers la reine, « l'Autrichienne », et son entourage, responsables à ses yeux de la situation. Elle leur reproche l'étalement du luxe, leurs dépenses extravagantes et les intrigues pour obtenir des pensions.

La "journée des Tuiles", à Grenoble, le 7 juin 1788.

La révolte des parlements

Les privilégiés font bloc pour rejeter les réformes proposées par le roi et ses ministres. À Paris et en province, ils sont rejoints par l'aristocratie parlementaire qui prend la tête du combat contre la monarchie. Les membres du parlement de Paris se révoltent en 1788 contre les mesures qui limitent leurs pouvoirs et, en même temps, ils ont l'habileté de se présenter comme les défenseurs des libertés. Cela leur vaut l'appui du peuple.

À Grenoble, le 7 juin 1788, lorsque l'armée veut exiler les parlementaires en rébellion, la foule la bombarde à coups de tuiles arrachées aux toits. Le 21 juillet, les députés des trois ordres de la province du Dauphiné se réunissent à Vizille. Ils demandent au roi de réunir les États généraux du royaume, seule instance habilitée à consentir de nouveaux impôts. Louis XVI est obligé de céder.

8 août 1786
Le naturaliste Horace de Saussure a l'idée d'offrir un prix à celui qui atteindra le premier le sommet du mont Blanc. La récompense revient à Michel Paccard et Jacques Balmat qui parviennent ce jour-là à atteindre le point culminant de l'Europe.

automne 1786
Pour faire connaître la pomme de terre qui suscite de la méfiance, Antoine Parmentier a l'idée de poster des gardes autour du champ où il la cultive près de Neuilly. Dès qu'ils partent le soir, une foule de curieux s'approche et la récolte. Le pari est gagné !

« À bas les impôts ! », hurle le tiers état, l'ordre le moins riche et le plus imposé.

Le retour du « bonhomme Misère »

Même si le règne de Louis XVI s'inscrit dans un mouvement de longue durée de hausse des prix qui stimule l'économie, il connaît aussi une alternance de crises courtes et de reprises. Ainsi, depuis 1775, la baisse du prix du blé et du vin affecte les revenus des propriétaires terriens. Les fabriques textiles voient leur production diminuer et être concurrencée par les produits anglais qui pénètrent en masse depuis le traité de commerce de 1786. À ces difficultés s'ajoute une grave crise de subsistances. Les pluies et les inondations de 1787, la sécheresse suivie de la grêle en juillet 1788 réduisent grandement les récoltes. En conséquence, au printemps 1789, alors que les greniers sont vides et que la prochaine récolte n'est pas encore faite, le prix du pain double ou triple. La crise gagne tous les secteurs. Et la misère s'étend.

« LA FAYETTE, NOUS VOILÀ ! »

L'indépendance américaine est gagnée au prix d'une longue guerre (1773-1783) qui oppose les colons insurgés à l'Angleterre. Une poignée de nobles français, enthousiasmés par leur cause et par la Déclaration d'indépendance de 1776, les rejoint. Parmi eux, le marquis de La Fayette qui convainc Louis XVI d'apporter une aide militaire. Forts de l'appui de la France, de l'Espagne et des Provinces-Unies, les Américains remportent la guerre. Et La Fayette est hissé au rang de héros.

Pendant le dur hiver 1788-1789, Louis XVI vient rendre visite aux paysans et leur distribue des pièces d'or.

8 avril 1787
Démission de Calonne, contrôleur général des Finances depuis 1783. Comme Necker avant lui, il a recours au crédit pour couvrir les dépenses de l'État. Puis, devant l'immensité du déficit, il reprend le programme de Turgot et dénonce les abus. Il échoue face à l'hostilité des nobles.

7 novembre 1787
Sur la proposition du nouveau ministre des Finances, Loménie de Brienne, archevêque de Toulouse, le roi reconnaît le protestantisme en France, une religion privée de la liberté de culte depuis 1685.

Les États généraux d'octobre 1614, au château du Louvre, à Paris.

Les États généraux : le fol espoir

Les uns y voient l'occasion unique d'une régénération du pays, les autres pensent qu'ils s'y feront une nouvelle fois plumer, certains encore, accablés par les malheurs, espèrent tout. Quant au pouvoir royal, autant démuni d'idées que d'argent, il en attend beaucoup.

Une vieille institution

À l'annonce de la convocation des États généraux, dont la date est fixée au 5 mai 1789, bien peu savent de quoi il s'agit. Ce sont des assemblées élues par les trois ordres et réunies par le roi pour faire accepter principalement de nouvelles levées d'impôts. Instituées au XIVe siècle, convoquées régulièrement jusqu'au XVIe siècle, elles tombent en désuétude avec l'affermissement de la monarchie absolue*. Les derniers États généraux s'étaient tenus en octobre 1614 au château du Louvre. Le roi Louis XIII avait déclaré que son but était d'écouter les plaintes de ses sujets et d'y répondre dans la mesure du possible...

Comment seront élus les députés ?

Pendant les derniers mois de l'année 1788, c'est la question qui agite l'opinion. Les privilégiés proposent de se conformer au règlement électoral de 1614 : à chaque ordre, une voix et un nombre égal de députés. Ainsi, le clergé et les nobles auront toujours l'avantage sur le tiers état : deux voix contre une. Les bourgeois, avides de réformes, et les nobles libéraux, comme La Fayette, Talleyrand ou Mirabeau, réclament que le nombre des députés du tiers état soit égal à celui des deux autres ordres, et que l'on vote par tête (une voix par député). En décembre 1788, sous la pression de l'opinion, le roi accorde le doublement de la représentation du tiers état mais ne tranche pas la question du vote par ordre ou par tête...

QU'EST-CE QUE LE TIERS ÉTAT ?

Cette brochure, publiée en janvier 1789, fait grand bruit. Son auteur, l'abbé Sieyès, est un ecclésiastique, porte-parole du parti national et élu député du tiers état.
Qu'est-ce que le tiers état ? Tout.
Qu'a-t-il été jusqu'à présent dans l'ordre politique ? Rien.
Que demande-t-il ? À y devenir quelque chose...

14 janvier 1788
Débarquement en Australie de repris de justice, de marins et de soldats accompagnés de leurs familles pour établir une colonie pénitentiaire britannique. À leur arrivée, les Aborigènes comptent 300 000 à 400 000 personnes. Un siècle plus tard, ils sont dix fois moins nombreux.

25 août 1788
Jacques Necker est rappelé par le roi pour être à nouveau directeur général des Finances, comme il l'a été de 1777 à 1781. Alors que l'État n'a plus d'argent pour payer ses fonctionnaires, il est chargé de lever des fonds.

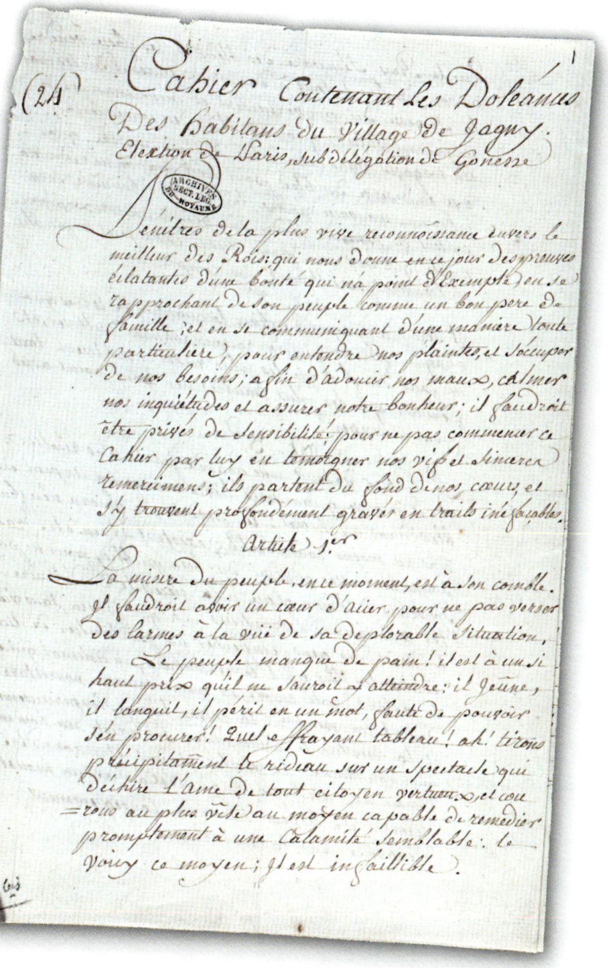
(24) Cahier Contenant les Doléances
Des habitans du Village de Jagny.
Election de Paris, subdélégation de Gonesse

Penétrés de la plus vive reconnoissance envers le meilleur des Rois; qui nous donne en ce jour des preuves éclatantes d'une bonté qui n'a point d'Exemple, en se rapprochant de son peuple comme un bon pere de famille; et en se communiquant d'une maniere toute particuliere, pour entendre nos plaintes, et s'occuper de nos besoins; afin d'adoucir nos maux, calmer nos inquiétudes et assurer notre bonheur; il faudroit être privés de sensibilité, pour ne pas commencer ce Cahier par luy en temoigner nos vifs et sinceres remercimens; ils partent du fond de nos cœurs, et s'y trouvent profondément gravés en traits inéfacables.

Article 1.er

La misere du peuple, en ce moment, est à son comble. Il faudroit avoir un cœur d'acier pour ne pas verser des larmes à la vüe de sa deplorable situation.

Le peuple manque de pain! il est à un si haut prix qu'il ne sauroit y atteindre: il jeune, il languit, il périt en un mot, faute de pouvoir s'en procurer! Quel effrayant tableau! ah! tirons précipitament le rideau sur un spectacle qui déchire l'ame de tout citoyen vertueux, et courons au plus vite au moyen capable de remedier promptement à une Calamité semblable: le voicy ce moyen; il est infaillible.

4 bis

La noblesse et le clergé rédigent chacun un cahier par circonscription* administrative. Le tiers état en établit plusieurs par ville et par village. Ils sont rassemblés et résumés pour aboutir à un seul cahier par circonscription.

Les Français ont la parole

C'est dans une atmosphère enfiévrée, en pleine crise de subsistances, qu'ont lieu les élections de 1 139 représentants et la rédaction des cahiers de doléances. Conformément à la tradition des États généraux, chaque ordre présente ses propres registres où sont notés les vœux, les plaintes et les projets de réformes des Français. Soudain, dans tout le royaume, les sujets du roi comprennent qu'on leur demande leur opinion. L'occasion est inédite et inespérée ! Au total, 45 000 cahiers sont rédigés. Beaucoup sont originaux mais la plupart s'inspirent de modèles qui circulent et écrits par des maîtres d'école, des clercs de notaire ou des avocats.

Doléances et souhaits

Si les nobles s'obstinent à « ne jamais consentir l'extinction de leurs droits hérités de leurs ancêtres », les paysans, au contraire, dénoncent les droits seigneuriaux et la dîme, cette « accablante sangsue », payée au clergé. Rejetant unanimement l'absolutisme, les trois ordres affirment cependant leur attachement à la monarchie qu'ils souhaitent voir contrôlée par une constitution garantissant aux individus des droits. Ceux-ci doivent assurer la liberté, l'égalité et le vote des impôts par des assemblées. Tous ces cahiers, au contenu foisonnant, offrent un saisissant témoignage de l'opinion de l'époque.

Le paysan écrasé par le poids des privilégiés : c'est la situation que le tiers état évoque dans les cahiers de doléances.

7 janvier 1789
Lors de la première élection présidentielle des États-Unis, George Washington, riche planteur de Virginie et commandant en chef de l'armée des colons insurgés, est élu pour quatre ans comme le prévoit la Constitution.

26-28 avril 1789
La manufacture de papier peint située au faubourg Saint-Antoine à Paris est le siège d'une émeute violente causée par la crise économique. À la suite de pillages, la troupe (les soldats) intervient et ouvre le feu. Trois cents manifestants sont tués.

Ier acte : la révolution des députés

C'est dans les salons feutrés du château de Versailles que s'engage, au printemps et au début de l'été 1789, le bras de fer entre le tiers état, les privilégiés et le roi. Les événements s'enchaînent dans un mouvement que rien ne semble pouvoir freiner.

Le 5 mai : la déception est immédiate

Lors de la séance d'ouverture des États généraux dans la salle des Menus-Plaisirs, ni le discours bref et maladroit du roi, assis sur son trône, ni celui, long de 2 heures, de Necker, debout devant la table, n'évoquent les réformes attendues par le tiers et la constitution souhaitée dans la plupart des cahiers de doléances. Il n'est question que de l'état des finances du royaume.

Le 17 juin : le tiers état se déclare « Assemblée nationale »

Dès le 6 mai éclate le premier conflit. La noblesse et le clergé restent dans leur salle respective et refusent le vote par tête. Le tiers s'en étonne alors que le roi a auparavant doublé ses représentants. Le 17 juin, le tiers décide finalement de se passer des autres ordres en considérant qu'il représente au moins 96 % de la nation. L'abbé Sieyès propose alors d'abandonner le terme d'« États généraux » puisque ni le clergé ni la noblesse n'y siègent. Le tiers se proclame donc « Assemblée nationale ». C'est le premier acte révolutionnaire.

28 avril 1789
Révolte à bord du *Bounty*, un navire britannique. Les mutins s'établissent sur l'île de Pitcairn, dans l'océan Pacifique, pendant que leur tyrannique capitaine Bligh rejoint la Grande-Bretagne. Cet événement inspirera Jules Verne et de nombreux réalisateurs de films.

30 avril 1789
À Versailles, les députés bretons créent le "Club breton" et prennent l'habitude de se réunir dans un café. Ce groupe politique, ouvert aux autres députés, définit la stratégie du tiers état. Plus tard, à Paris, installé dans le couvent des Jacobins, il prend le nom de « Club des Jacobins ».

Le 20 juin : le serment du Jeu de paume

Louis XVI, furieux de la décision du tiers, fait fermer les portes de la salle des Menus-Plaisirs. Les députés du tiers état, indignés mais enthousiastes, envahissent la salle du Jeu de paume voisine. À l'appel de Bailly, ils prêtent serment de « ne jamais se séparer [...] jusqu'à ce que la constitution du royaume fût établie » (*voir DVD, chap. 1*).

Le 23 juin : la détermination du tiers état

Face aux trois ordres qu'il a réunis, le roi s'exprime avec fermeté. S'il promet des réformes, il déclare nulles les décisions prises par le tiers depuis le 17 juin. Puis il ordonne aux trois ordres de se retirer chacun dans leur salle. Les députés du tiers refusent d'obéir. Parmi eux, Mirabeau lance au marquis de Dreux-Brézé : « Dites à ceux qui vous envoient que nous sommes ici par la volonté du peuple et que nous n'en sortirons que par la force des baïonnettes ! »

Le 27 juin : le roi devant le fait accompli

Quatre jours plus tard, le roi est contraint d'ordonner aux députés du clergé et de la noblesse de se rallier au tiers état. Mais, dès ce jour, il appelle secrètement 20 000 soldats pour encercler Versailles. Le 9 juillet, l'Assemblée nationale se déclare "constituante". La monarchie absolue* n'existe plus. La Révolution semble finie. Cependant, lorsque le 12 juillet on apprend que Necker est congédié et que les troupes s'approchent, la peur gagne. Au Palais-Royal, à Paris, le journaliste Camille Desmoulins appelle aux armes et, peu après, dans les jardins des Tuileries, un régiment charge et les chaises volent. L'insurrection est déclenchée.

4 mai 1789
La Cour et les députés des trois ordres prennent part dans les rues de Versailles à la procession du Saint-Sacrement. Alors que la noblesse, toute dorée et empanachée, marche derrière le haut clergé en robe violette, le groupe du tiers état s'étire en habits sombres.

4 juin 1789
Le Dauphin de France, Louis Joseph, fils aîné de Louis XVI, meurt de la tuberculose à l'âge de 8 ans. C'est Louis Charles qui devient l'héritier du trône.

IIe acte : l'irruption du peuple

Le ministre Necker renvoyé, 20 000 soldats massés autour de Paris et de Versailles, le pain rare et de plus en plus cher et, dans les faubourgs de la capitale, des milliers d'hommes errant sans travail et sans ressources... Toutes les conditions sont réunies pour que la rue entre en scène.

À la Bastille !

Le 13 juillet, au son du tocsin et du canon, les barrières d'octroi* sont incendiées et les prisons forcées. Les Parisiens cherchent des armes pour la milice bourgeoise qui vient d'être créée afin d'empêcher l'entrée des troupes et maintenir l'ordre. Le 14 juillet, après avoir pris 40 000 fusils à l'hôtel des Invalides, ils assiègent la forteresse de la Bastille, symbole du pouvoir royal, qui est autant un dépôt d'armes qu'une prison d'État. L'affrontement est sanglant. Launay, le gouverneur de la place, fait tirer sur les assaillants : une centaine de personnes trouvent la mort. Puis, devant les canons braqués sur la forteresse, Launay ne peut que se rendre. Lui et six défenseurs sont décapités et leurs têtes portées au bout de piques.

Cet événement a une grande résonance. Il révèle la force du peuple de Paris qui est désormais armé. Le pouvoir de l'Assemblée s'en trouve renforcé. Le roi doit faire marche arrière. Il ordonne le retrait des troupes et rappelle Necker. Le 17 juillet, accueilli à Paris, il reconnaît la nouvelle municipalité et son maire Bailly, ainsi que la garde nationale (nouveau nom de la milice) commandée par La Fayette. Puis Louis XVI porte la cocarde tricolore où le blanc, couleur royale, est entouré du bleu et du rouge, les couleurs de Paris. Selon cet exemple, toutes les villes se dotent d'une municipalité et d'une garde nationale (*voir DVD, chap. 2*).

LA BASTILLE

La prison de la Bastille ne détient en juillet 1789 que sept prisonniers : quatre faux-monnayeurs, un criminel et deux fous. Ayant beaucoup perdu de son importance, sa démolition était prévue. Mais qu'importe, c'est le symbole qui compte ! Celui de l'autorité du roi qui, en signant une lettre de cachet, peut ordonner un emprisonnement sans jugement.

juillet 1789
Le savant français Lavoisier publie son *Traité élémentaire de chimie*, considéré comme le premier manuel de la chimie moderne.
Sa femme prend part activement à ses expérimentations et ses travaux.

9 juillet 1789
Les députés décident de rédiger une déclaration des principes fondamentaux qui précèdera la future Constitution.
Une intense discussion s'engage et aboutit au texte de la Déclaration des droits de l'homme voté le 26 août.

14 juillet 1789
Après la prise de la Bastille, la foule pille les archives et délivre les rares prisonniers. Le groupe, précédé d'un tambour et escorté de gardes nationaux, est promené en procession dans les rues. Dès le lendemain, la démolition de la forteresse commence.

15-30 juillet 1789
La révolution municipale agite la plupart des villes de province et fait disparaître en quelques jours l'administration royale. Les intendants fuient, la levée d'impôts s'arrête... Partout la bourgeoisie s'installe aux postes clés dans des municipalités nouvelles.

Le feu aux châteaux

Dans presque toute la France, entre le 20 juillet et le 6 août 1789, un vaste mouvement de panique se propage de village en village. Le bruit court que des brigands à la solde des aristocrates vont venir s'abattre sur les campagnes. Alors, on s'arme jusqu'aux dents...

La Grande Peur est un mouvement irraisonné qui pousse les paysans à s'armer contre un ennemi inexistant. Ils brûlent les châteaux pour détruire notamment les registres. Une fois disparus, qui pourra dire combien les paysans doivent à leurs seigneurs ?

La Grande Peur

Les paysans ont bien des raisons d'être inquiets. En cet été 1789, le climat d'insécurité est pesant. Le chômage des journaliers (ceux qui louent leurs bras à la journée) et la cherté du pain jettent sur les routes des bandes de mendiants et de vagabonds à la recherche de nourriture. Les événements de Versailles et de Paris font redouter aux gens de la campagne la réaction des aristocrates que l'on dit prêts à la vengeance. Enfin, la moisson proche risque d'être médiocre... Quand la rumeur amplifie l'inquiétude, c'est l'affolement. Au son du tocsin, on s'arme pour aller au-devant des brigands annoncés et pourtant introuvables. Souvent l'union donne de l'audace. On part en groupe demander des comptes au seigneur. Selon les cas, si celui-ci résiste, on se contente de brûler les registres où sont inscrits les droits seigneuriaux. Ou bien, on brûle les châteaux et massacre leurs occupants. Rares sont les provinces où il ne se passe rien. Les nobles ne sont pas les seuls à trembler. Les députés de l'Assemblée, propriétaires de terres, prennent peur. Il faut arrêter la Révolution ! (*voir DVD, chap. 2*)

La Grande Peur accélère dans tout le pays la formation de gardes nationales. Placées sous l'autorité des nouvelles municipalités, elles ont pour mission de maintenir l'ordre public. Les gardes portent un uniforme où apparaissent trois couleurs : le blanc, le bleu et le rouge.

SAUVE-QUI-PEUT

Quelques jours après la prise de la Bastille, le comte d'Artois, frère de Louis XVI, le prince de Condé, la famille Polignac liée à Marie-Antoinette, ainsi qu'une partie de la Cour quittent la France. Ils donnent le signal à ceux qui estiment que la cause du roi est perdue. Louis XVI, que l'on pousse à fuir, choisit de rester, au grand désespoir de la reine. Exilés en Angleterre, en Suisse, en Allemagne et en Italie, les émigrés organisent la résistance à la Révolution en tentant d'entraîner les souverains étrangers.

juillet 1789
Dans les villes de province, la révolution municipale se poursuit. Elle prend un tour violent dans de grandes villes. À Strasbourg, l'hôtel de ville est mis à sac et, à Lyon, la foule s'en prend à la forteresse de Pierre Scize, qui, comme la Bastille, sert de prison.

20 juillet 1789
La Grande Peur naît à partir de foyers situés dans le Poitou, la Franche-Comté, la Champagne, le Beauvaisis, le Maine et le pays nantais. À partir de là, elle s'étend. La Bretagne et la Lorraine sont épargnées mais dans le Mâconnais et le Beaujolais, 72 châteaux brûlent.

La Déclaration des droits de l'homme et du citoyen, comprenant 17 articles, se veut universelle : elle s'adresse aux hommes de tous les pays. Cependant, l'esclavage dans les colonies n'est pas aboli.

La nuit du 4 août

Dans un climat d'exaltation, nobles libéraux et bourgeois proposent de supprimer les privilèges. Ainsi, en quelques heures, de 8 heures du soir à plus d'une heure du matin, chacun veut sacrifier quelque chose. Sont abolis les droits féodaux, qui obligent les paysans à faire des travaux gratuitement pour leur seigneur, la dîme payée au clergé, ainsi que les avantages financiers accordés aux provinces et aux villes. Au matin du 5 août, l'Ancien Régime n'existe plus. Un nouvel ordre social est né. Les paysans cessent aussitôt de brûler les châteaux. Cependant, très vite, l'enthousiasme retombe car ils se rendent compte qu'ils doivent racheter leurs droits pour être entièrement libres, et cela coûte trop cher. Ce n'est que le 17 juillet 1793 que le système féodal sera définitivement supprimé.

Liberté, égalité...

Puisque l'ancienne société n'est plus, il faut organiser celle qui vient de voir le jour sur de nouveaux principes. Ils sont énoncés dans la **Déclaration des droits de l'homme et du citoyen** votée le 26 août 1789. Ce texte, inspiré des philosophes des Lumières et de la Déclaration américaine de 1776, proclame que « les hommes naissent et demeurent libres et égaux en droits ». Liberté, propriété, sûreté et résistance à l'oppression sont ces droits. La souveraineté* de la Nation représentée par l'Assemblée est confirmée.

À l'aube du 5 août, la féodalité, qui remonte au Moyen Âge, est définitivement morte. Sur cette gravure, les paysans détruisent les privilèges à coups de fléau, un instrument agricole qui bat le blé.

22 juillet 1789
Après la décapitation du gouverneur de Launay et du prévôt des marchands, Flesselles, le 14 juillet, le très impopulaire contrôleur des Finances Foulon de Doué est pendu à Paris. Accusé de stocker des vivres, sa tête est portée au bout d'une pique avec une poignée de foin dans la bouche.

18 août 1789
La contagion révolutionnaire dépasse les frontières de la France et gagne la principauté de Liège (dans l'actuelle Belgique). Le prince-évêque est chassé par la population.

En ce début d'octobre 1789, des rumeurs courent la capitale : d'énormes stocks de blé sont entreposés à Versailles... Alors, parmi la foule, une femme crie : « Allons chercher le boulanger, la boulangère et le petit mitron ! »

IIIe acte : le roi à Paris

Le peuple de Paris, des villes et des campagnes vient de faire la démonstration de sa force. Il ne veut pas que la Révolution, alors en marche, lui soit confisquée. Une nouvelle fois, pour appuyer les réformes entreprises, il donne de la voix et se lève.

Le roi fait de la résistance

En septembre 1789, Louis XVI refuse de signer la Déclaration des droits de l'homme et du citoyen ainsi que les décrets abolissant les privilèges. Impossible, selon lui, de dépouiller les privilégiés ! Au même moment s'engagent à l'Assemblée des discussions portant sur le partage des pouvoirs entre le roi et les députés dans la Constitution en chantier. Il est décidé que le souverain pourra bénéficier d'un droit de veto suspensif* lui permettant de retarder l'application d'une loi pendant 4 ans. Cette mesure, qui renforce son pouvoir, aurait pu l'amener à approuver les fameux textes du mois d'août. Or, il s'obstine (*voir DVD, chap. 3*).

La riposte populaire

Paris est une capitale affamée. Le travail reste rare. La presse patriote, qui se développe alors, ne manque pas d'attiser le mécontentement du peuple. À bout, ce dernier est prêt à contraindre Louis XVI à céder en le menaçant. Le 3 octobre, il apprend que les soldats du régiment de Flandres, lors d'un banquet à Versailles, ont foulé aux pieds la cocarde tricolore. L'exaspération populaire est à son comble. Le 5 octobre, des milliers de femmes armées partent pour Versailles et envahissent l'Assemblée. Le roi accepte aussitôt les décrets. Reste à rétablir le calme, même si 20 000 gardes nationaux commandés par La Fayette sont arrivés... Le 6 octobre, des émeutiers forcent les grilles du château et tuent des gardes dont les têtes sont plantées au bout de piques.

12 septembre 1789
Jean-Paul Marat fonde *L'Ami du peuple*, un journal révolutionnaire qui est davantage un brûlot périodique encourageant le recours à la violence qu'un quotidien d'information. Le 21 septembre, il écrit : « C'est du pain dont les malheureux ont besoin actuellement. »

octobre-fin novembre 1789
Les travaux de démolition de la Bastille se poursuivent sous la direction de Pierre-François Palloy, un entrepreneur privé. Une partie des pierres est vendue en guise de souvenir, l'autre est utilisée pour la construction du pont Louis XVI (actuel pont de la Concorde).

C'est à l'emplacement d'une ancienne fabrique de tuiles située près du Louvre que Catherine de Médicis fait élever ce palais à partir de 1584. Louis XIV en fait une résidence temporaire mais il préfère Versailles.

Le départ pour Paris

Sous la pression du peuple, le roi et sa famille partent pour Paris, accompagnés d'un cortège de 60 000 personnes. Suivent les carrosses des députés, puis des chariots pleins de sacs de blé et de farine. Pour accueillir la famille royale aux Tuileries, un palais mal entretenu et poussiéreux, on déloge à la hâte les 500 ou 600 locataires installés là, avec ou sans la permission du roi. Des aménagements sont faits en urgence. Quant à Versailles, les seuls occupants qui y restent sont les garde-meubles et les jardiniers veillant à ce que le domaine soit prêt pour un éventuel retour du roi. Il ne reviendra jamais. Le château entre dans un long sommeil, surtout après 1793 lorsqu'il sera entièrement vidé. Après plus d'un siècle de faste, il cesse d'être la résidence des rois. Une page d'histoire de France se tourne.

Sous la surveillance du peuple

Le peuple, en se mobilisant, a montré, une nouvelle fois, sa force et sa détermination à aller toujours plus loin. Désormais, le roi, installé au palais des Tuileries, et les députés, établis non loin de là, dans la salle du Manège, sont près de lui, sous sa surveillance, à sa merci. Ainsi, Paris devient le lieu central du pouvoir révolutionnaire et va peser de tout son poids dans le cours des événements.

Il faut plus de 5 heures au cortège royal pour arriver à Paris. Il a du mal à se frayer un chemin à travers la foule qui danse et brandit sur des piques les têtes des gardes du corps assassinés le matin même dans le château.

novembre 1789
À la suite des journées d'octobre, l'avocat Mounier quitte Paris puis s'exile en Savoie. Ce Dauphinois joue un rôle majeur dès 1788 dans la révolte des parlementaires. Élu député aux États généraux, il participe activement à l'élaboration de la Déclaration des droits de l'homme.

30 novembre 1789
Après une déclaration passionnée à l'Assemblée constituante, le député corse Antoine-Christophe Salicetti permet à sa terre natale d'être rattachée à la France. La Corse devient un département un an plus tard.

Une France nouvelle en construction

Les partisans du changement l'ont emporté et toutes les conditions sont réunies pour accomplir l'œuvre de réorganisation du pays. Paris est enfin ravitaillé et l'Assemblée se met activement au travail. Des groupes politiques y discutent avec enthousiasme. Peu à peu se dessine le nouveau cadre de vie de 28,5 millions de Français.

Avant qu'elle s'impose comme le symbole de la Révolution, deux autres précèdent la cocarde tricolore : la verte, le 12 juillet 1789, vite abandonnée car elle est la couleur du comte d'Artois, frère de Louis XVI ; la bleue et rouge, le 13 juillet, aux couleurs de Paris.

La Nation, la Loi, le Roi

L'Assemblée jette les bases d'un régime politique nouveau : la **monarchie constitutionnelle** au sein de laquelle le pouvoir est partagé entre le roi et une assemblée élue par la Nation. Un texte, la **Constitution**, fixe leurs droits respectifs et règle leurs relations. Il s'appuie sur la Déclaration des droits de l'homme et du citoyen énonçant les grands principes. Ainsi, la future Assemblée élue exercera le pouvoir législatif. Ses députés voteront les lois et le budget. Chef du pouvoir exécutif, le souverain, qui portera le titre de « roi des Français », aura le droit de nommer et de révoquer six ministres, de s'opposer à une loi grâce à son veto*, mais il ne pourra déclarer la guerre et signer la paix sans l'accord de l'Assemblée. Enfin, le pouvoir judiciaire lui est retiré.

Allégorie de la Constitution sous les traits d'une femme portant le flambeau et l'épée et écrasant les symboles de la monarchie.

1790
Quatre millions d'habitants vivent aux États-Unis. La population, pour les deux tiers, est rurale. Le Sud compte 500 000 esclaves qui travaillent dans les plantations de coton.

1790
On achève l'église Sainte-Geneviève de Paris, conçue par Soufflot, qui s'inspire du Panthéon de Rome construit au Ier siècle après J.-C. En 1791, l'église est transformée en nécropole, le Panthéon, abritant les grands personnages du pays.

Dans ce nouveau système de découpage, on fixe les limites des 83 départements ainsi que leur taille de façon à ce que leur chef-lieu soit accessible en moins d'une journée de cheval.

Un pays réorganisé

Une nouvelle division du territoire en départements, districts, cantons et communes, administrés par un personnel élu, est créée. Selon les principes de liberté et d'égalité civile, l'armée et la justice sont profondément réformées. Les anciens impôts disparaissent et trois contributions payables par tous les remplacent : une sur la terre et les immeubles, une autre sur les habitations et, la dernière, la patente, sur le commerce et l'industrie. Enfin, la liberté appliquée au domaine économique entraîne la suppression des corporations* et l'interdiction aux patrons ou aux ouvriers de se regrouper en syndicats. Elle permet aussi d'abolir les douanes intérieures, les péages et les octrois* pour favoriser la naissance d'un marché intérieur unique.

ÉGALITÉ ? PAS TOUT À FAIT...

Ce principe, crié haut et fort en août 1789, subit quelques entorses dans la Constitution. Les députés de la future Assemblée sont élus au suffrage censitaire, qui écarte du vote ceux qui ne paient pas d'impôts : les citoyens les plus pauvres, soit le tiers des Français. Les femmes sont exclues. D'autre part, l'esclavage dans les colonies est maintenu.

L'épineux problème financier

Pour payer les dettes de l'État et compenser la mauvaise rentrée des nouveaux impôts, il y a urgence : il faut trouver de l'argent tout de suite ! Le 2 novembre 1789, l'Assemblée adopte une mesure radicale : la **mise en vente des biens du clergé à l'État**, autrement dit, leur nationalisation. C'est sur leur valeur que sont garantis des billets mis en circulation, les **« assignats »**. Ils fournissent de l'argent frais. Privé de la dîme puis à présent de ses biens, le clergé doit être réorganisé. La **Constitution civile du clergé** du 12 juillet 1790 fait des évêques et des curés des fonctionnaires. Ils seront élus, payés par l'État, et devront prêter serment à la Nation, à la Loi et au Roi. Beaucoup refusent de se soumettre, encouragés par le pape Pie VI qui condamne cette réforme en mars 1791. Le clergé se divise en « jureurs », ceux qui l'acceptent, et les autres, les « réfractaires ».

Fabriqués en grande quantité, les assignats perdent vite de leur valeur : ils se déprécient. Cela entraîne la hausse des prix, mal acceptée par le peuple, et, par la suite, la ruine de ceux qui doivent les accepter en paiement.

19 février 1790
Le marquis de Favras est condamné à mort et pendu pour avoir tramé un complot destiné à faire sortir la famille royale du royaume. Il semble avoir été soutenu dans cette entreprise par le comte de Provence, frère du roi.

20 février 1790
L'empereur d'Autriche Léopold II succède à son frère Joseph II qui vient de mourir. Pendant son règne de deux ans, il suit une ligne politique modérée à l'égard de la France, en dépit des appels insistants de sa sœur, la reine Marie-Antoinette.

26 février 1790
Fixation des 83 départements auxquels on donne un nom selon des critères géographiques... sauf celui de la Côte-d'Or, qui évoque la couleur du vignoble bourguignon à l'automne !

17 avril 1790
Benjamin Franklin meurt au terme d'une vie très riche. Écrivain, cet Américain est aussi l'inventeur du paratonnerre, des lunettes à double foyer et du poêle à charbon. Il est également l'un des pères fondateurs de la nation américaine.

Le premier 14 juillet : la fête de la fédération

À l'occasion du premier anniversaire de la prise de la Bastille, le 14 juillet 1790, la municipalité de Paris veut faire les choses en grand : accueillir des délégués des fédérations locales et régionales venus des quatre coins du royaume pour célébrer l'unité et la fraternité des Français.

En affluant à Paris, les gardes nationaux, représentant leur département, découvrent une ville mobilisée pour la circonstance. Le Champ-de-Mars, une plaine immense, a été nivelé avant la construction de gradins, d'un arc de Triomphe colossal, d'une tribune pour le roi et, enfin, d'un « autel de la Patrie », au centre. Mais l'administration royale peine à faire avancer les travaux... Alors les Parisiens accourent pour apporter leur aide. Tous viennent, qu'ils soient magistrats, marchands, artisans ou boutiquiers... Même La Fayette apparaît une pelle à la main, et le roi en personne donne des coups de pioche !

Au matin du grand jour, il pleut. Cela n'empêche pas la foule de 500 000 personnes de se masser pour assister à la cérémonie. Tandis que les fédérés défilent sous l'arc de Triomphe et que Talleyrand célèbre la messe, La Fayette, follement acclamé, jure fidélité à la Nation, à la Loi et au Roi. Aussitôt, d'une seule voix, les 14 000 fédérés lui répondent : « Je le jure ! » Puis c'est au tour du roi de prêter serment. La reine soulève son fils dans les airs. Cris de joie. Tonnerre d'applaudissements. « Vive le Roi, vive la Reine, vive le Dauphin ! » L'allégresse est générale. La Révolution paraît stabilisée.

Un historien écrit : « Je ne vois guère qu'un jour où tous les Français se soient trouvés d'accord. Ce jour-là fut le 14 juillet 1790 ».

« AH ! ÇA IRA, ÇA IRA »

Ce refrain, entonné lors des travaux de la fête par des centaines de volontaires, est appelé à connaître un grand succès pendant toute la durée de la Révolution. Les paroles des couplets changent toutefois au gré des circonstances politiques !
En juillet 1790 : *Ah ! Ça ira, ça ira, ça ira !*
Pierrot et Margot chantent à la guinguette...
Ah ! Ça ira, ça ira, ça ira !
Réjouissons-nous le bon temps viendra.
Plus tard : *Ah ! ça ira, ça ira, ça ira !*
Les aristocrates à la lanterne.
Ah ! ça ira, ça ira, ça ira !
Les aristocrates on les pendra.

21 mai 1790
Paris connaît une nouvelle organisation territoriale. Après avoir été divisé en 21 quartiers sous l'Ancien Régime, découpé en 60 districts pour les élections des États généraux, il est composé à présent de 48 sections. À la tête de chacune d'elles se trouve un comité civil élu.

19 juin 1790
Un décret supprime la noblesse héréditaire. Cela fait disparaître les armoiries et les ordres de chevalerie ainsi que les titres nobiliaires comme « Monseigneur », « Éminence », « Grandeur », « Excellence », etc.

Une nouvelle passion : la politique

En ces premières années de Révolution, les Français découvrent avec enthousiasme la politique. Ils en font en lisant, en chantant, en dansant, en discutant dans la rue, dans les tavernes, en assistant aux débats... Quelle fièvre !

À l'Assemblée : gauche ou droite ?

Les députés prennent l'habitude de se regrouper suivant leur tendance politique. À la droite du président se tiennent les partisans du roi, les **noirs** ou **aristocrates** autour de Cazalès. Plus au centre les **monarchiens** : avec Clermont-Tonnerre et Malouet, ils souhaitent une monarchie où le roi partagerait son pouvoir avec deux chambres. À gauche siègent les **patriotes**, fers de lance de la Révolution. Parmi eux, les **constitutionnels** comme Sieyès et La Fayette, désireux de voir l'Assemblée peser de tout son poids. Plus à gauche encore, le groupe plus radical constitué de Lameth, Duport et Barnave. Enfin à l'extrême gauche, les **démocrates**, Pétion ou Robespierre défendant les droits du peuple et réclamant le suffrage universel*.

Qui veut mon journal ?

La liberté de presse accordée provoque la multiplication des journaux. En 1790, on compte 335 titres à Paris et plus de 400 en province. Pour la plupart de petit format et de tirage limité, ils expriment davantage une opinion qu'ils ne fournissent une information. Ils se font l'écho de toutes les tendances. *Le Patriote français* de Brissot est le plus modéré et le plus vendu. Les plus polémiques sont à gauche : *Les Révolutions de France et de Brabant* de Desmoulins, *L'Ami du Peuple* de Marat ou *Le Père Duchesne* d'Hébert. À droite, *Les Actes des Apôtres* de Rivarol, un journal qui se moque violemment des révolutionnaires.

31 août 1790
Le marquis de Bouillé réprime par la force la mutinerie des soldats suisses à Nancy, insurgés contre le retard du paiement de leur solde. Il y a 300 morts et blessés.

30 octobre 1790
L'Assemblée nationale adopte le drapeau tricolore comme emblème national et le cri de « Vive le Roi » est remplacé par celui de « Vivent la Nation, la Loi, le Roi ».

Des caricatures pour sourire

Vendues sous la forme de feuilles volantes, elles sont si nombreuses qu'elles deviennent une arme politique redoutable capable de déstabiliser les adversaires. En quelques traits de plume, ces gravures tournent en ridicule, déforment les traits de personnalités en vue ou mettent en scène l'aspect dérisoire ou grotesque de certains événements.

La politique en chansons

Dès la réunion des États généraux, tous les grands événements politiques font l'objet de chansons. Créées par des chanteurs de rue qui empruntent des airs connus comme *Il pleut, il pleut, bergère*, *Ah ! le bel oiseau, maman* ou *La faridondaine*, elles sont faciles à retenir. Les gens du peuple, dont un homme sur deux ne sait lire, les reprennent en chœur, ce qui leur permet de prendre part aux débats du moment.

Les clubs : place aux orateurs

Ces lieux de réunion où l'on débat de questions politiques se multiplient à partir de 1789 et couvrent tout l'éventail des opinions. Ils sont actifs dans toute la France (1 100 clubs en 1791) mais les plus celebres, le Club des Jacobins, celui des Cordeliers ou encore celui des Feuillants sont à Paris. Ils doivent leurs noms aux couvents qui les abritent. Là s'illustrent les plus éloquents comme Danton ou Marat aux Cordeliers ou Robespierre aux Jacobins.

28 février 1791
Des centaines de gentilshommes armés, « les chevaliers du poignard », se présentent au palais des Tuileries, souhaitant se mettre au service de Louis XVI qu'ils disent être menacé par un attentat. Il s'agit, en réalité, d'un complot qui vise à enlever le roi. Il sera déjoué.

10 mars 1791
Le pape Pie VI condamne la Constitution civile du clergé et demande aux prêtres n'ayant pas encore prêté serment de ne pas le faire et à ceux qui ont déjà prêté serment de se rétracter. Cette décision provoque une division profonde, un schisme, dans l'Église de France.

Rien ne va plus entre le roi et son peuple

« Assez l'aristocrate ! Assez le gros cochon ! » Ainsi est insulté le roi pour la première fois publiquement, le 18 avril 1791 à Paris, alors qu'il sort la tête par la portière de son carrosse pour demander qu'on le laisse passer. Ce jour-là, la foule cerne sa voiture et l'empêche de se rendre à Saint-Cloud. Cet événement persuade Louis XVI qu'il n'est plus libre...

La contre-révolution à l'œuvre

La question religieuse, attisée par la condamnation du pape Pie VI, divise profondément le pays. Les prêtres réfractaires lient désormais leur sort aux aristocrates et viennent renforcer le camp des adversaires de la Révolution, jusque-là limité aux émigrés. Depuis 1789, ces derniers entretiennent une agitation constante. De Turin, en Italie, ou de Coblence, en Allemagne, ils ne cessent de supplier les souverains étrangers d'intervenir militairement. Ils correspondent secrètement avec le roi et tentent de préparer une insurrection générale.

À partir du 27 novembre 1790, les prêtres doivent prêter un serment de fidélité à la Nation. Face à leur réticence, l'Assemblée le rend obligatoire. Le roi est offusqué, ce qui le pousse à fuir.

Portrait du pape Pie VI.

La fuite du roi

Dans la nuit du 20 juin 1791, la famille royale quitte les Tuileries par des issues secrètes pour rejoindre des troupes fidèles, à la frontière de l'Est. Le roi, avant de partir, a laissé une lettre adressée à l'Assemblée dans laquelle il dénonce le nouveau régime et son intention de rétablir, s'il le faut par la force, son pouvoir absolu*. En chemin, la lourde berline prend un tel retard que les officiers ne sont plus là quand elle arrive à Varennes où elle doit changer les chevaux. C'est alors que le roi est reconnu, arrêté et ramené à Paris. Le 25 juin au soir, il y fait son entrée, au milieu d'une foule immense et silencieuse qui garde le chapeau sur la tête pour manifester son indignation (*voir DVD, chap. 3*).

2 et 17 mars 1791
Vote de la loi d'Allarde qui supprime les corporations*. Chacun est désormais libre d'ouvrir son commerce ou son atelier. La loi Le Chapelier, votée le 14 juin, interdit, quant à elle, les syndicats et le droit de grève.

2 avril 1791
Mirabeau meurt brutalement alors qu'il vient d'être élu président de l'Assemblée nationale. Ce noble, député du tiers état à la réputation trouble, joue un rôle clé aux premières heures de la Révolution grâce à son grand talent d'orateur, avant de soutenir le roi.

Le 25 juin 1791, l'Assemblée a fait placarder sur les murs de Paris l'avis suivant : « Quiconque applaudira le roi sera bâtonné, quiconque l'insultera sera pendu. » Cela montre que les députés ont encore des sentiments monarchiques.

ENFIN, LA CONSTITUTION

Préparée depuis août 1789, la première Constitution française est votée définitivement le 3 septembre 1791 et affirme le principe nouveau de la souveraineté nationale*. Le 13 septembre, le roi prête serment de fidélité pour être rétabli dans ses pouvoirs, suspendus après sa tentative de fuite. Il n'est plus « roi de France par la grâce de Dieu » mais « roi des Français par la grâce de Dieu et la Constitution de l'État ». Avant de se séparer, la Constituante proclame fièrement : « Le terme de la Révolution est arrivé. »

Le divorce

L'union entre le roi et la Nation est rompue. Louis XVI vient de ruiner le peu de prestige qu'il détenait encore et accentue l'hostilité du peuple à son égard. Peu à peu, les idées démocratiques et républicaines gagnent du terrain, portées surtout par les **sans-culottes**, dont la voix et le rôle vont compter de plus en plus. Ces révolutionnaires convaincus, farouchement opposés aux aristocrates, vivent de leur travail. Ce sont eux qui organisent, le 17 juillet 1791 au Champ-de-Mars, une manifestation réclamant la déchéance du roi. La garde nationale, commandée par La Fayette, reçoit l'ordre de tirer sur la foule. Pour la première fois, les pouvoirs publics issus de la Révolution se retournent contre le peuple. La cassure est grave. Quand l'Assemblée constituante se sépare le 30 septembre 1791, elle croit pourtant avoir sauvé son œuvre.

En portant des pantalons rayés, les sans-culottes cherchent à se distinguer des aristocrates, habillés de culottes courtes et de bas de soie. Sur la tête, un chapeau à cocarde ou un bonnet rouge, souvenir du bonnet phrygien de l'Antiquité, symbole du militantisme révolutionnaire. La pique exprime la force du peuple en armes.

Juillet 1791
À la suite de la fuite du roi et des débats qu'elle suscite, des députés et hommes politiques modérés comme Barnave, La Fayette et Sieyès quittent le Club des Jacobins pour fonder le Club des Feuillants.

14 septembre 1791
Des délégués du comtat Venaissin et de la cité-état d'Avignon réclament le rattachement de ces possessions du pape à la France. Leur annexion est ratifiée par l'Assemblée. Peu après, est constitué le département du Vaucluse dont le chef-lieu est Avignon.

La chute de la royauté

Si l'arrestation du roi à Varennes a bouleversé l'opinion, rien, en revanche, ne semble avoir été modifié dans l'esprit du roi. Son intransigeance débouche sur une impasse politique et le recours à la guerre précipite la Révolution dans l'inconnu.

À l'annonce de « la patrie en danger », les gens du peuple et citoyens aisés s'engagent dans l'armée. Mais leurs proches, davantage conscients des risques encourus, les voient partir avec tristesse.

Des hommes nouveaux à l'Assemblée

Puisque l'Assemblée constituante a interdit à ses membres de se présenter aux élections, ce sont 745 députés sans expérience des affaires qui siègent dans la salle du Manège à partir du 30 septembre 1791. Ils se partagent en trois grands groupes. À droite, les modérés avec 236 **Feuillants**. Au centre, les **indépendants**, sans opinion marquée, occupent 245 sièges. À gauche, 136 **Jacobins**, appelés aussi **Girondins** car beaucoup sont des élus de la Gironde. Enfin, à l'extrême gauche, quelques partisans du suffrage universel*, comme Couthon et Carnot. Pour faire face aux nombreuses difficultés auxquelles elle se trouve confrontée, cette nouvelle assemblée, appelée législative, prend des mesures énergiques visant les émigrés et les prêtres réfractaires. Mais le roi oppose son veto* et paralyse l'action des députés.

La guerre : la solution ?

Presque tout le monde la souhaite. À la Cour, on croit qu'elle pourra rétablir le pouvoir du roi. Les Feuillants estiment qu'elle renforcerait le nouveau régime établi. Quant aux Girondins, ils pensent qu'elle obligerait le roi à démasquer son double jeu et sont persuadés qu'ils seraient accueillis comme des libérateurs par les autres peuples européens. Seules quelques voix isolées rejettent cette idée. Robespierre, au Club des Jacobins, en dénonce les dangers et notamment celui d'ouvrir la voie à un militaire ambitieux. Sur proposition de Louis XVI, l'Assemblée vote la guerre au roi de Bohême et de Hongrie, l'empereur d'Autriche, François II, le 20 avril 1792. Les premiers combats sont désastreux pour les armées françaises, désorganisées par l'émigration de leurs propres officiers. Le 11 juillet, l'Assemblée proclame « la patrie en danger » et fait appel à des volontaires qui s'engagent par milliers. Face à cette situation, le roi se démasque en s'opposant à l'installation d'un camp de 20 000 fédérés de Marseille pour défendre Paris. L'exaspération populaire est à son comble.

28 septembre 1791
Les juifs de France n'ont plus de statut juridique particulier. Ils obtiennent les droits dont bénéficient tous les citoyens.

9 novembre 1791
L'arrestation du roi à Varennes est suivie d'une nouvelle vague d'émigration. L'Assemblée promulgue un décret où elle ordonne aux émigrés de rentrer en France avant le 1er janvier 1792. Après cette date, ils seront considérés comme conspirateurs et leurs biens seront confisqués.

L'assaut des Tuileries

Le manifeste de Brunswick, commandant des troupes austro-prussiennes, met le feu aux poudres. Connu le 1er août, il menace de détruire Paris s'il est fait « le moindre outrage » à la famille royale. Persuadés de la complicité du roi avec l'étranger, les fédérés, rejoints par les gardes nationaux, les sans-culottes et le peuple de Paris, prennent d'assaut, les Tuileries, le 10 août 1792. Le roi et sa famille se réfugient à l'Assemblée tandis que des centaines de personnes sont tuées, aussi bien parmi les défenseurs des Tuileries que parmi les sans-culottes. L'Assemblée suspend le roi, qui est aussitôt fait prisonnier et emmené au donjon du Temple. Les députés décident également l'élection au suffrage universel, d'une Convention chargée de rédiger une nouvelle constitution. Ainsi s'écroule la monarchie et s'achève le régime fondé sur le partage du pouvoir entre le roi et la Nation.

Des bataillons de fédérés, partis de Marseille pour rejoindre le camp destiné à protéger Paris, entrent dans la capitale au son du *Chant de guerre pour l'armée du Rhin*. Composé par Rouget de Lisle, il deviendra *La Marseillaise*, hymne national à partir de 1795.

LES MASSACRES DE SEPTEMBRE

Alors que les frontières sont franchies par l'ennemi et que la route de Paris est ouverte, un vent de panique souffle sur la capitale. Entre le 2 et le 6 septembre 1792, la foule, encouragée par les sans-culottes, se rue dans les prisons et massacre 1 500 prisonniers, supposés ennemis : aristocrates, prêtres réfractaires et, surtout, prisonniers de droit commun.

Les mille hommes qui gardent le palais des Tuileries livrent une bataille féroce le 10 août 1792 pour repousser les milliers d'assaillants.

17 novembre 1791
Jérôme Pétion, révolutionnaire convaincu, remplace Bailly à la mairie de Paris. Il a été soutenu par la famille royale qui mène la « politique du pire » : soutenir les plus extrémistes pour entraîner le régime à sa perte, dans le but de restaurer l'Ancien Régime.

29 novembre 1791
Par décret, l'Assemblée décide que tous les prêtres doivent prêter serment sous peine de perdre les salaires qu'ils perçoivent. La loi rend les réfractaires personnellement responsables des troubles religieux. Le roi refuse de signer ce décret, comme celui du 9 novembre.

Valmy : là où se joue le sort de la Révolution

En ce matin du 20 septembre 1792, près de Sainte-Ménehould, dans l'est de la France, les ailes d'un moulin au sommet d'une colline tournent dans le soleil qui pointe. À son pied sont postées deux armées prêtes à en découdre.

D'un côté piaffe d'impatience Brunswick, le général prussien. Commandant plus de 60 000 hommes, il veut en finir au plus vite avec ce « ramassis de savetiers », comme il surnomme les combattants français. Ces derniers sont pourtant 47 000, des soldats de ligne hérités des armées royales auxquels se mêlent des volontaires. Ils sont encadrés par les généraux Kellermann et Dumouriez.

Pendant plus de douze heures, l'arme au pied, immobiles ou manœuvrant ici ou là, les 100 000 hommes se regardent, sans combattre, faisant seulement cracher de part et d'autre les boulets de leurs canons. Les seuls cris qui sont poussés viennent du côté français : « Vive la Nation ! » auquel répond un formidable « Ça ira ! »
Alors que brusquement le déluge de boulets cesse, remplacé par des trombes d'eau, on s'attend à ce que la canonnade se transforme en une véritable bataille. Or il n'en est rien. Les Austro-prussiens se replient en désordre. Le général Brunswick vient de donner l'ordre du retrait immédiat.

Valmy n'est pas une grande victoire, mais elle marque l'arrêt de l'invasion étrangère et renforce la Révolution. Elle connaît un énorme retentissement qui fait dire à l'homme de lettres allemand Goethe : « [...] d'ici et d'aujourd'hui débute une nouvelle époque de l'histoire du monde et vous pourrez dire que vous étiez là. » Cette victoire devient le symbole d'un peuple héroïque en armes.

5 décembre 1791
Le compositeur Wolfgang Amadeus Mozart, auteur de 700 œuvres musicales, meurt à Vienne, en Autriche, à 35 ans, après avoir présenté en septembre son ultime opéra, *La flûte enchantée*, qui connaît un véritable triomphe. Son magnifique *Requiem* reste inachevé...

printemps 1792
On plante des arbres de la liberté dans la plupart des communes. La France, en guerre contre l'Autriche, est saisie d'un élan patriotique, et la défense de la patrie se confond avec celle des acquis de la Révolution.

UN COUP D'ARRÊT CALCULÉ

Si Brunswick, en accord avec le roi de Prusse, ne lance pas ses troupes dans la bataille, c'est que les puissances européennes n'ont pas intérêt à une défaite rapide de la France. Elles préfèrent voir le pays s'enliser dans sa Révolution pour qu'il reste à l'écart des grandes affaires de l'Europe et du monde.

1er avril 1792
Le télégraphe Chappe (ou télégraphe optique) est adopté par l'Assemblée qui s'apprête à déclarer la guerre. Ce système permet la transmission de messages optiques à l'aide de tours surmontées de bras articulés, espacées d'une dizaine de kilomètres et situées sur des hauteurs.

25 avril 1792
La machine du docteur et député Guillotin, la guillotine, étant achevée, elle est utilisée pour la première fois sur la place de Grève à Paris.

Hommes et femmes sur le devant de la scène

Discrets, fougueux et toujours enthousiastes, leur voix porte dans les journaux, à la tribune de l'Assemblée, ou à celle des clubs pour crier leur indignation et proposer leurs idées. Ils ouvrent le chemin d'une France nouvelle.

Abbé Grégoire (1750-1831)

Ce prêtre, élu aux États généraux, est le premier membre de l'Église à rallier le tiers état. Militant contre l'esclavage et pour l'égalité civile des juifs, il est nommé évêque constitutionnel de Blois. À la Convention, il met en avant le rôle de l'éducation et contribue à fonder le Conservatoire national des arts et métiers et l'Institut de France. Il s'oppose au pillage des bâtiments religieux organisé par les sans-culottes.

Camille Desmoulins (1760-1794)

En dépit d'un fort bégaiement, cet avocat se fait connaître le 12 juillet 1789 en haranguant la foule au Palais-Royal. Il devient journaliste en fondant *Les Révolutions de France et de Brabant* puis, en 1793, *Le Vieux Cordelier*. Il se lie avec Danton qu'il côtoie aux Cordeliers et est élu député à la Convention. Pendant la Terreur, il s'oppose à Robespierre qui le fait exécuter le 5 avril 1794.

Georges Danton (1759-1794)

« De l'audace, encore de l'audace, toujours de l'audace ! » C'est par ces mots que cet orateur passionné galvanise les foules après le 10 août 1792, lorsqu'il faut défendre la patrie en danger contre les Autrichiens et les Prussiens. Mais on se méfie de cet homme brutal et corrompu qui tonne à la tribune des Cordeliers et à celle de la Convention. Son étoile décline après juin 1793, lorsqu'il commence à critiquer le régime de la Terreur, qu'il avait pourtant instauré. Il est condamné à mort le 5 avril 1794.

17 mai 1792
Création de Wall Street, la Bourse de New York, à l'initiative de 24 courtiers réunis sous un platane devant les fameux numéros 68-70 de la "wall street" (rue du mur).

6 juin 1792
Première représentation et échec cuisant de *La mère coupable*, ultime partie de la trilogie *Figaro* de Beaumarchais. L'écrivain, emprisonné sous la Terreur, échappe de peu à la guillotine.

Maximilien de Robespierre (1758-1794)

Ce grand admirateur de Rousseau est avocat, député du tiers état et membre du Club des Jacobins où il exprime ses idées démocratiques. En 1793, ce député de la Convention instaure la Terreur pour sauver la Révolution. Attaché à la moralité et à la vertu, celui qu'on appelle « L'Incorruptible » élimine tous ses adversaires avant d'être guillotiné lui-même avec ses fidèles compagnons, dont Saint-Just, le 28 juillet 1794.

Jean-Paul Marat (1743-1793)

Ce journaliste virulent publie *L'Ami du Peuple* à partir de 1789. Prenant toujours le parti du peuple, il est député à la Convention. Là, il réclame un pouvoir révolutionnaire fort et des mesures radicales contre les ennemis de la Révolution. Après son assassinat par Charlotte Corday le 13 juillet 1793, il devient un martyr de la Révolution.

Olympe de Gouges (1748-1793)

Dans ses nombreux écrits, Marie Gouze, alias Olympe de Gouges, milite avec force en faveur des femmes et de l'abolition de l'esclavage. Elle rédige la *Déclaration des droits de la femme et de la citoyenne*, dans laquelle elle écrit que la femme a été purement et simplement oubliée dans la Déclaration des droits de l'homme. Et parce qu'elle veut défendre le roi à son procès, elle est accusée d'être contre-révolutionnaire et est guillotinée.
(*Voir DVD, chap. 2 et 3*)

20 juin 1792
La foule parisienne envahit les Tuileries pour obliger Louis XVI à lever son veto* sur les décrets pris par l'Assemblée. Elle défile devant le roi en l'insultant. Acculé dans une embrasure de fenêtre, il accepte de coiffer le bonnet phrygien, de boire à la santé de la Nation mais ne cède pas.

août 1792
L'attaque du palais des Tuileries a causé des centaines de morts dont la plupart ont été inhumés dans les catacombes de Paris. Une plaque commémorative leur est dédiée.

Vive la République !

À l'instant même où est proclamée la naissance du nouveau régime, ce cri puissant est poussé d'une seule voix par les députés de la Convention, le 21 septembre 1792, le lendemain de la victoire de Valmy. Mais bientôt malentendus et rivalités éclatent au grand jour.

Le roi est emprisonné au Temple avec sa famille, sa femme, ses deux enfants et sa sœur, Madame Élisabeth. Son valet de chambre, Cléry, veille sur lui.

LA GUILLOTINE

Elle doit son nom au docteur Guillotin, député de l'Assemblée constituante qui propose, en 1791, de confier la mise à mort des condamnés à une machine chargée de les décapiter en évitant toute souffrance inutile. Surnommée « rasoir national » ou « la veuve », elle dresse sa sinistre silhouette à Paris, place de la Révolution et place du Trône renversé (actuelle place de la Nation) pour devenir le symbole de la Révolution qui se radicalise. (*Voir DVD, chap. 2*)

Les forces politiques en présence

La **Convention** est la première assemblée élue au suffrage universel*. Mais les 749 députés n'ont été choisis que par une minorité de la population, la majorité s'étant abstenue par indifférence, par ignorance ou par crainte. Sur les bancs se tiennent trois groupes aux sensibilités politiques différentes. À droite, les **Girondins** rassemblés derrière Brissot, Vergniaud et Roland. Révolutionnaires modérés, ils s'inquiètent des excès du peuple parisien et cherchent à réduire l'influence de Paris par rapport aux autres départements. À gauche, sur les sièges les plus élevés, se tiennent les **Montagnards** (d'où leur nom) réunis autour de Marat, Robespierre et Danton. Partisans d'une République démocratique, ils cherchent à s'allier aux sans-culottes et sont prêts à limiter la liberté et la propriété pour faire triompher la Révolution. Au centre, la **Plaine** ou le **Marais** rassemble une majorité d'hommes prudents, dont Sieyès, aux opinions changeantes. Jusqu'en juin 1793, ils soutiennent les Girondins.

15 août 1792
Jean Cottereau, dit Chouan, provoque une émeute royaliste en Mayenne. Son surnom lui est donné parce que lui et ses hommes imitent le cri du chat-huant lors de leurs déplacements nocturnes. Après 1794, le mot désigne les opposants à la Révolution dans l'Ouest, au nord de la Loire.

19 août 1792
Après avoir tenté de prendre le pouvoir avec son armée, le général La Fayette passe la frontière. Il est capturé par les Autrichiens et il est jeté dans une forteresse où il restera cinq ans.

À son procès, Louis XVI nie toutes les accusations. De toute évidence, il ne se sent pas coupable. Même ses pires adversaires sont surpris par son calme et sa grande dignité.

Que faire du roi ?

Cette question divise Girondins et Montagnards dès octobre 1792. Si les premiers veulent épargner Louis XVI, les seconds veulent son jugement et sa mort. Non par haine particulière, mais par principe. La découverte aux Tuileries, en novembre 1792, d'une armoire de fer contenant les lettres échangées entre le roi et les souverains étrangers rend le procès inévitable. Il se tient à partir du 13 novembre et voit s'affronter les Girondins qui demandent la clémence et les Montagnards, l'exécution. En votant oralement à la tribune, un grand nombre de députés indécis se laissent entraîner par l'enthousiasme ou par la crainte. À une voix de majorité (361 contre 360), Louis XVI est condamné à mort le 16 janvier 1793.

L'exécution du roi

Le 21 janvier 1793, sur la place de la Révolution (actuelle place de la Concorde), Louis XVI meurt courageusement. Les mains liées, il gravit les marches de l'échafaud sans trembler et s'adresse à la foule : « Je meurs innocent de tous les crimes qu'on m'impute. Je pardonne aux auteurs de ma mort, et je prie Dieu que le sang que vous allez répandre ne retombe jamais sur la France ». Puis les tambours se mettent à battre et le triangle d'acier tombe. Lorsque le bourreau brandit à bout de bras la tête royale pour la montrer au peuple, un cri immense monte vers le ciel : « Vive la République ! » Par cet acte qui a une portée considérable, la France révolutionnaire défie l'Europe.

Exécution de Louis XVI, le 21 janvier 1793.

octobre 1792
Pour fuir les troupes révolutionnaires qui progressent après la victoire de Valmy, les frères du roi en exil quittent Coblence et s'installent en Prusse, dans le village de Hamm. Là, au milieu de leur petite cour, ils s'organisent dans des conditions misérables.

2 novembre 1792
Ludwig van Beethoven, âgé de 22 ans, quitte Bonn pour Vienne où il suivra l'enseignement du grand musicien autrichien Joseph Haydn, admiratif des talents du jeune homme. Beethoven est alors pianiste et ses œuvres de composition ne sont pas encore reconnues.

La France assiégée

En ce début d'année 1793, la France, qui vient de guillotiner son roi, fait en Europe l'unanimité contre elle. À ses frontières, on s'allie, on se mobilise, on brandit les armes pour en finir au plus vite.

L'Europe contre la France

Forte de ses succès militaires, dont celui de Jemmapes, le 6 novembre 1792 contre les Autrichiens, succès qui lui assure la conquête de la Belgique, la France inquiète les pays européens. Et la Grande-Bretagne en particulier qui n'accepte pas de voir les Français à Anvers, un port vital pour son commerce. Ainsi, sous le prétexte de venger Louis XVI, s'organise autour des Anglais une coalition regroupant l'Europe entière, à l'exception de la Suisse et des pays scandinaves. La France prend les devants. Le 1er février 1793, elle déclare la guerre à l'Angleterre et aux Pays-Bas. Toutes ses frontières sont menacées.

Après septembre 1792, les armées révolutionnaires se lancent dans une guerre de conquête et une guerre de propagande. L'Europe des rois prend peur.

19 novembre 1792
Dans l'enthousiasme des victoires remportées, les députés de la Convention lancent l'idée de la guerre de propagande. Ils promettent par décret « fraternité et secours à tous les peuples qui voudront conquérir leur liberté » !

27 novembre 1792
La France annexe le duché de Savoie dépendant du royaume de Sardaigne. Il forme désormais le département du Mont-Blanc (actuelles Savoie et Haute-Savoie).

Le recrutement de nouveaux soldats en 1793 se fait plus difficilement qu'en 1792. En Vendée, on s'y oppose ouvertement.

Le sombre printemps 1793

Alors que la France s'embrase, les défaites militaires s'accumulent. Battu lors de la défaite de Neerwinden le 18 mars 1793, le général Dumouriez doit évacuer la Belgique en laissant la frontière du Nord sans protection. Pire, il passe à l'ennemi et éclabousse par sa trahison les Girondins auxquels il doit sa carrière. À l'est, la rive gauche du Rhin ne peut être conservée et les frontières sont franchies dans les Alpes et les Pyrénées. Les Anglais, quant à eux, font le blocus des côtes françaises en stoppant toutes les marchandises destinées à la France. Toutes ces difficultés engendrent une crise politique grave.

Il faut sauver la République !

Devant le danger, la Convention décide, le 23 février, une levée en masse de 300 000 hommes. Les volontaires de 1792 ne suffisant pas, un tirage au sort désigne, par commune, ceux qui partiront défendre la patrie : un système amorçant un service national obligatoire. Pour surveiller cette opération qui provoque aussitôt des mouvements d'opposition dans différentes régions, comme en Vendée, la Convention utilise les grands moyens. Elle envoie des commissaires disposant de tous les pouvoirs. Un **tribunal révolutionnaire** chargé de juger les actes contre-révolutionnaires est créé. Un **Comité de salut public** exerçant le pouvoir exécutif est mis en place, ainsi que des comités de surveillance contrôlant les étrangers et les gens suspects dans chaque commune.

Les Girondins : les frères ennemis à abattre

Pour calmer l'agitation populaire qui monte en raison de la hausse des prix et du mauvais ravitaillement, les Montagnards, derrière Robespierre, soutiennent les sans-culottes qui réclament la limitation du prix du pain et la réglementation du commerce, autrement dit la fin de sa liberté. Ils sont suivis par les députés de la Plaine. Du coup, les Girondins, opposés à cette politique, se trouvent isolés. Aux yeux du peuple, ils apparaissent comme des adversaires de la Révolution. À la suite des journées d'émeute à Paris, les 31 mai et 2 juin 1793, la Convention, encerclée par une foule de sans-culottes armés, doit accepter l'arrestation de 29 députés girondins. Les autres sont chassés peu après. La pression populaire a imposé sa loi face à une assemblée élue au suffrage universel*. Désormais tout dérapage devient possible.

Un soldat de 1793 pauvrement vêtu, mais portant fièrement cocarde et plumet.

Après sa trahison, Dumouriez mène une vie errante en Europe, notamment en Angleterre où il est représenté sur cette caricature. À la suite de cette affaire, Robespierre accuse les Girondins de complicité.

9 janvier 1793
Après avoir survolé la Manche en 1785 dans sa montgolfière, le Français Jean-Pierre Blanchard s'envole à Philadelphie pour atterrir quelques dizaines de kilomètres plus loin. Il réalise ainsi le premier voyage aérien aux États-Unis et force l'admiration des Américains.

23 janvier 1793
La Russie et la Prusse amputent largement le territoire de la Pologne qui subit son deuxième partage, après celui de 1772. Cet événement, qui met fin à la révolution démocratique déclenchée en 1791, préoccupe plus les souverains européens que les rebondissements de la Révolution française.

La guerre de Vendée

« Si j'avance, suivez-moi... Si je recule, tuez-moi... Si je meurs, vengez-moi ! » C'est par ces mots que le Vendéen Henri de La Rochejaquelein galvanise ses troupes qui, pendant l'année 1793, mettent gravement en péril la République.

Les chefs

Les paysans révoltés sont d'abord dirigés par des meneurs d'hommes comme le voiturier Cathelineau et le garde-chasse Stofflet, puis par des petits nobles formés au métier des armes : Charette, D'Elbée, Bonchamps, La Rochejaquelein (*photo*). Ils prennent la tête de « l'armée catholique et royale » que rallient seigneurs et curés. Sa tactique est celle de l'embuscade car elle est appropriée à la région quadrillée de haies et de chemins creux.

Le grand refus de la Vendée

Voilà des mois que la révolte couve dans cette région de l'Ouest regroupant les départements de la Vendée, du Maine-et-Loire, des Deux-Sèvres et de la Loire-Inférieure. Les paysans ne parviennent plus à vendre leur bétail et remâchent leur rancœur contre les bourgeois et les républicains. Quand la levée en masse est décrétée, c'est la rébellion. Pourquoi iraient-ils défendre un régime détesté qui ose persécuter les prêtres et tuer le roi ? Le 10 mars 1793, à Machecoul, les agents en charge de la conscription sont accueillis avec des fourches. L'affrontement fait 160 morts. Les jours suivants, d'autres villages se rebellent. L'insurrection vendéenne est en marche.

Blancs contre Bleus

Les Vendéens « blancs », regroupés autour du drapeau blanc du roi, comptent entre 30 000 et 70 000 hommes. Jusqu'en juin 1793, ils remportent une série de succès sur les républicains « bleus », peu nombreux et dirigés par des chefs médiocres. Les insurgés s'emparent de Saumur, d'Angers mais échouent devant Nantes (*photo*). Ils espèrent que les Anglais viendront bientôt leur venir en aide.

31 janvier-4 février 1793
En vertu de la doctrine des « frontières naturelles de la France » exposée par Danton, celles qui « sont marquées par la nature [...] du côté du Rhin, du côté de l'Océan, du côté des Alpes », le comté de Nice et Monaco sont rattachés à la France et forment le département des Alpes-Maritimes.

mars 1793
Dans les campagnes du Nord, de l'Alsace, de la Franche-Comté, de la Côte-d'Or, du Doubs, du Puy-de-Dôme, de l'Ille-et-Vilaine, les jeunes paysans manifestent leur refus de partir à la guerre. Ils abattent les arbres de la liberté et s'en prennent aux partisans de la Révolution.

La contre-offensive républicaine

Mobilisée aux frontières, l'armée républicaine dirigée par Kléber intervient à l'automne 1793 et combat sans merci les Vendéens. Écrasés à Cholet en octobre, les rebelles traversent la Loire dans l'espoir de rallier une flotte anglaise à Granville. C'est la « virée de Galerne » (*photo*) au cours de laquelle ils rejoignent les bandes de Jean Chouan en Bretagne qui s'opposent au nouveau régime pour les mêmes raisons. Finalement, les Blancs sont mis en déroute au Mans et à Savenay le 23 décembre 1793.

Une répression féroce

De janvier à mai 1794, les douze « colonnes infernales » commandées par Turreau mettent la Vendée à feu et à sang. Des villages entiers sont passés au fil de l'épée. On ravage le pays à coups de boulets enflammés et on guillotine à tout va. Le général Westermann annonce à la Convention : « Il n'y a plus de Vendée ». On y compte près de 130 000 morts.

19 mars 1793
L'île Bourbon, dans l'océan Indien, est rebaptisée île de la Réunion en hommage à la réunion des fédérés de Marseille et des gardes nationaux de Paris, lors de la prise des Tuileries le 10 août 1792.

27 mars 1793
Les émigrés sont déclarés morts civilement. Leurs biens sont attribués à l'État qui devient apte à recueillir pendant 50 ans tout ce qui leur revient ou tout ce qu'ils lèguent. Depuis octobre 1792, ils sont passibles de la peine de mort s'ils reviennent en France.

Les Girondins lyonnais lèvent, dès juin 1793, un bataillon de volontaires pour marcher sur Paris et décident de ne plus obéir aux ordres de la Convention. Lyon est en état de siège.

Les autres périls intérieurs

En juillet 1793, alors que la Vendée s'embrase et que l'ennemi force les frontières, une soixantaine de départements entrent en révolte ouverte. La France se désagrège. L'heure est grave pour la jeune République.

La province contre Paris

Dès que les arrestations de députés girondins sont connues, des villes et des régions entières s'insurgent contre Paris. C'est la révolte dite « fédéraliste » car la province, soutenue par les Girondins qui ont pu s'enfuir, cherche à accroître son autonomie vis-à-vis du pouvoir parisien. Ainsi, la Normandie et la Gironde se rebellent. À Lyon, et dans la vallée du Rhône, à Marseille et Toulon, les fédéralistes se rallient à des royalistes. La Corse entre en dissidence et noue une alliance avec les Anglais. Début juin 1793, c'est plus de soixante départements qui se révoltent contre la Révolution.

Le 24 avril 1793, les Girondins font arrêter Marat, accusé de pousser le peuple à la violence et le font traduire devant le tribunal révolutionnaire. Le procès tourne à son avantage. Acquitté, la foule le porte en triomphe dans les rues de Paris.

15 mai 1793
L'Espagnol Diego Marin Aguilera effectue l'un des premiers vols au monde dans son planeur sur une distance de 360 m. Il s'écrase près d'une rivière, mais en ressort à peine égratigné. En Espagne, on prend ce pionnier de l'aviation pour un déséquilibré.

10 juin 1793
Napoléon Bonaparte, ayant choisi le camp de la République, quitte la Corse avec sa famille pour s'installer en France. Il est en désaccord avec Pascal Paoli qui vient de s'allier aux Anglais lui promettant l'indépendance de la Corse.

Dans les villes, la disette

Le désarroi est grand dans les villes. La disette menace car le pain, comme les denrées de première nécessité (bois, chandelle, savon, sucre), est cher et rare. La dépréciation des assignats, émis massivement pour financer l'effort de guerre, est responsable de la hausse vertigineuse des prix. Celle-ci est aggravée par les spéculateurs. Surnommés les « accapareurs », ils stockent les marchandises dans le but de les vendre peu après encore plus chères. De plus, les marchés des villes souffrent d'un mauvais ravitaillement. Les grains ne circulent plus et les navires de la coalition font le blocus des côtes.

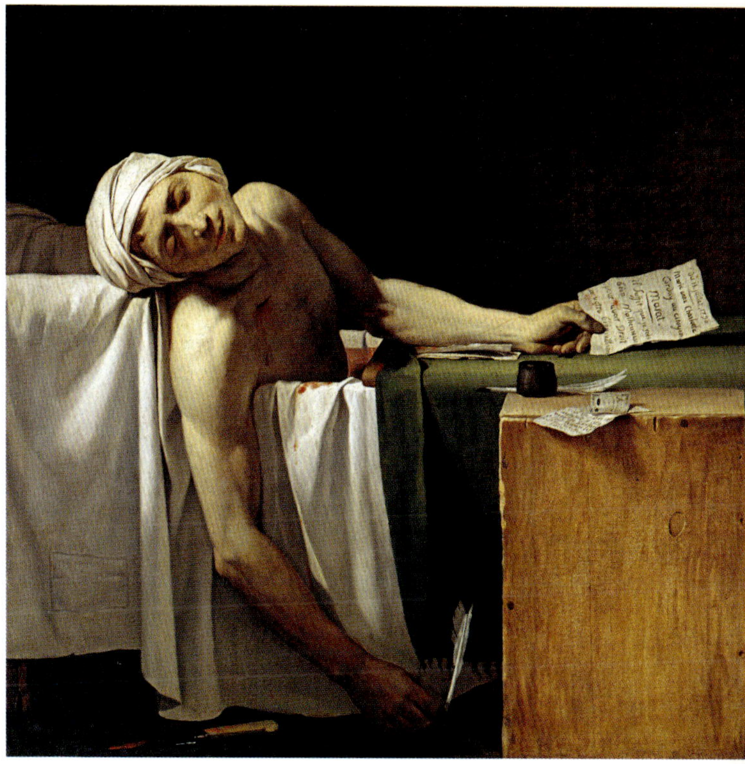

Arrivée de Caen, le 13 juillet 1793, Charlotte Corday marche dans Paris, à la recherche de Marat. Elle le trouve à son domicile, rue des Cordeliers, et le poignarde. Mort, le révolutionnaire devient un martyr, un saint laïc dont les restes sont déposés au Panthéon.

Parmi ces républicains qui jouent un rôle primordial entre 1793 et 1794, on reconnaît les députés montagnards de la Convention : Danton (1), Marat (2), Desmoulins (3), le journaliste Hébert (4), Saint-Just (5), l'accusateur public du tribunal révolutionnaire Fouquier-Tinville (6), Robespierre (7).

À Paris, les émeutes

En conséquence, l'agitation populaire s'amplifie et menace gravement la Convention qui doit faire face au même moment aux multiples périls tant à l'extérieur qu'à l'intérieur du pays. « Ce ne sont pas des promesses qu'il nous faut, c'est du pain et tout de suite ! » crie la foule, envahissant la Convention le 5 septembre 1793. Derrière le peuple parisien se trouvent les sans-culottes qui attisent constamment sa colère, surtout après l'assassinat de Marat, le 13 juillet 1793. Leurs idées sont simples. Plus que la liberté, ils souhaitent l'égalité. Ils réclament la peine de mort contre les accapareurs et la fixation d'un prix maximum des denrées. Si les députés refusent de voter ces mesures, ils estiment avoir le droit de se débarrasser d'eux par l'insurrection populaire. Pour défendre la Révolution et rallier le peuple, les députés de la Convention n'ont pas d'autre choix que de satisfaire les sans-culottes.

10 juin 1793
Naissance du Museum d'Histoire naturelle par décret de la Convention. Cet établissement n'a de nouveau que le nom. Il succède au Jardin royal des plantes médicinales, né plus de 150 ans auparavant, en 1635, sous Louis XIII.

31 juillet 1793
La Convention décrète que les tombeaux des rois se trouvant dans la basilique de Saint-Denis et d'autres lieux en France seront détruits le 10 août 1793, premier anniversaire de la chute de la royauté.

La Terreur à l'ordre du jour

La victoire ou la mort : il ne semble pas y avoir d'autre choix en cet automne 1793. Alors il faut gouverner vite, frapper fort, briser les résistances, avec des moyens exceptionnels.

Un gouvernement de guerre

Pour vaincre, il faut confier le pouvoir à quelques-uns et suspendre toutes les libertés. En théorie, la Convention reste l'organe essentiel. En pratique, ce pouvoir est exercé par un gouvernement révolutionnaire : des comités élus par les députés. Le **Comité de salut public** est le plus important. Animé principalement par Saint-Just, Carnot, Barère et surtout Robespierre, il dirige et contrôle les affaires du pays. Le Comité de sûreté générale est chargé d'appliquer la **loi des suspects** du 17 septembre 1793, en poursuivant tous ceux qui sont supposés nuire à la Révolution. Ce gouvernement d'exception s'appuie en province sur les comités de surveillance créés dans chaque commune, les sociétés populaires, les clubs de quartiers et le Club des Jacobins à Paris. Les représentants en mission, en liaison directe avec le Comité de salut public, sont munis des pleins pouvoirs. Ils doivent rétablir l'ordre et entretenir le moral des partisans de la Révolution.

Les vingt-et-un députés girondins, arrêtés en juin 1793, sont exécutés le 31 octobre. Soixante-quinze autres sont en prison. Madame Roland est guillotinée le 8 novembre après s'être écriée : « Ô liberté, que de crimes on commet en ton nom ! »

25 août 1793
Marseille est reprise par les armées révolutionnaires après des combats très durs. Pour la punir, la Convention la débaptise et l'appelle « sans nom ».

29 août 1793
Depuis août 1791, une révolte d'esclaves enflamme la colonie française de Saint-Domingue. L'un de ses chefs, Toussaint Louverture, proclame : « J'ai entrepris la vengeance de ma race... Unissez-vous, frères, et combattez avec moi pour la même cause. Déracinez avec moi l'arbre de l'esclavage. »

À partir du 6 avril 1793, les dix membres du Comité de salut public gouvernent la France. Animés par une volonté de vaincre tous les ennemis, de surmonter toutes les difficultés, ils vivent reclus aux Tuileries.

Au Comité de salut public, Robespierre atteint le sommet de sa puissance. Mais celle-ci repose largement sur la crainte qu'il inspire. Froid, affable, soigné, le personnage est énigmatique, même aux yeux de ses amis proches.

L'ombre de la guillotine

Sous la pression des sans-culottes qui veulent « mettre la Terreur à l'ordre du jour », le gouvernement prend un ensemble de mesures implacables et spectaculaires. Dans le domaine politique et policier, en vertu de la loi des suspects, des milliers de personnes sont arrêtées à Paris et en province. Le tribunal révolutionnaire les juge et la plupart sont condamnées à mort. D'autres sont fusillées comme à Lyon ou à Toulon, ou noyées dans la Loire, à Nantes. Sur le plan économique, la **loi du maximum** du 29 septembre 1793 réglemente le prix du pain et des produits de première nécessité, mais bloque aussi les salaires. Elle s'accompagne de réquisitions pour approvisionner les marchés. La Terreur frappe aussi la religion : les églises sont fermées, des prêtres persécutés et invités à se marier. Dans le calendrier révolutionnaire, il n'existe plus de dimanches ni de fêtes religieuses. (*Voir DVD, chap. 5*).

Avec courage, Marie-Antoinette part pour l'échafaud le 16 octobre 1793, après un procès bâclé. En chemin, la foule pousse des cris de joie et profère des insultes. « Plus rien ne peut me faire du mal » murmure-t-elle.

Une discipline de fer aux armées

Avec la nouvelle levée en masse d'août 1793, les effectifs sont devenus considérables : un million d'hommes début 1794. Leur équipement nécessite d'immenses efforts. Les cloches des églises, le métal des grilles sont fondus pour servir aux armureries où l'on fabrique jusqu'à 700 fusils par jour. Les anciens chefs, peu sûrs, sont guillotinés et des jeunes, tels Hoche, Kléber, Jourdan et Marceau, sortent du rang. Ils sont soumis à l'autorité du Comité de salut public où Carnot a en charge les affaires militaires. Il exige une obéissance absolue. Sa stratégie doit s'appliquer à tous. C'est l'offensive à outrance, c'est-à-dire l'attaque en masse au point décisif, sans se préoccuper des pertes.

automne 1793
Le culte des « martyrs de la Liberté » est lancé par les révolutionnaires les plus radicaux. On célèbre Marat, Lepeltier et bientôt Viala et Bara. Des nouveau-nés portent leurs noms.

15 octobre 1793
Jourdan, assisté de Carnot, lance l'armée de Sambre-et-Meuse à l'assaut du plateau de Wattignies, situé au sud de Maubeuge et assiégé par les Autrichiens. Il contraint l'ennemi à battre en retraite.

La vie quotidienne sous la Terreur

Il ne fait pas bon vivre en France sous ce régime d'exception ! Face à la violence aveugle qui peut frapper n'importe qui, on tremble, on se terre et on prie.

« Citoyen, vous êtes en état d'arrestation ! »

Dans chaque commune, les comités de surveillance sont actifs. Ils sont chargés d'appliquer la loi du 17 septembre 1793 qui considère comme suspects : les partisans du fédéralisme, les ennemis de la liberté, les parents d'émigrés, les émigrés rentrés en France et tous ceux qui ne peuvent présenter un certificat de civisme prouvant qu'ils sont de bons citoyens. S'ajoutent les victimes de dénonciations anonymes ou de la rumeur publique.

Dans les prisons

À Paris, les suspects affluent dans des prisons comme la Conciergerie, la Force, Sainte-Pélagie, le Luxembourg ou l'Abbaye, en attendant leur jugement ou une libération inespérée. Ils s'entassent dans les cellules et cachent dans leurs semelles de chaussures quelques assignats. Ceux-ci peuvent servir au paiement de nourriture ou boisson venues de l'extérieur. On estime à 500 000 le nombre d'arrestations sous la Terreur.

16 octobre 1793
Un décret de la Convention invite toutes les communes de France ayant des noms rappelant la royauté, la féodalité ou la religion catholique à les remplacer par d'autres appellations. Ainsi Bourg-la-Reine devient Bourg-l'Égalité, Saint-Nazaire Marat ou Versailles Berceau-de-la-Liberté !

6 novembre 1793
Le cousin du roi, Philippe d'Orléans qui a pris le nom de Philippe Égalité, est guillotiné. Député à la Convention en 1792, il vote la mort de Louis XVI. En 1830, son fils Louis-Philippe monte sur le trône.

L'appel des condamnés

L'instant le plus angoissant a lieu le soir, à 5 heures. Le roulement de tambour annonce la venue des « charrettes de la mort ». Peu après, l'huissier arrive et énumère devant les prisonniers silencieux les noms des condamnés devant partir à l'échafaud. Cette scène tragique se renouvelle chaque jour dans chaque prison.

Un nouveau calendrier

Son adoption entre octobre 1793 et janvier 1806 bouleverse la vie des Français et rompt brutalement avec la tradition chrétienne. Il est décidé que le calendrier révolutionnaire commence le 22 septembre 1792, premier jour de la République. L'année est divisée en 12 mois de 30 jours et chaque mois en trois décades (10 jours). Les noms des mois évoquent les saisons, brumaire par exemple en automne, et ceux des jours, la végétation, les animaux ou les outils agricoles. Quel casse-tête ! De plus, pour montrer qu'ils sont de bons républicains, les parents sont invités à donner aux nouveau-nés les noms de ce calendrier comme Café, Fraise ou Trèfle...

La déchristianisation à l'œuvre

Sous la poussée des sans-culottes, la lutte contre la religion catholique fait rage, même si elle est réprouvée par Robespierre. Non seulement les prêtres sont pourchassés, mais les églises sont pillées. Alors on s'affuble de vêtements religieux, on déambule à dos d'âne en brandissant des croix et des bibles. Puis tous les objets pieux sont jetés dans de grands feux sur les places publiques : ce sont les spectacles courants des mascarades antireligieuses. Ils choquent la population restée fidèle à ses croyances.

8 novembre 1793
Inauguration du Museum central des arts de la République, en application de la loi du 27 juillet 1793 décidant de faire du Louvre un musée permanent où seraient exposés les objets d'art confisqués. Destiné à former les artistes, le public n'y est admis que le dimanche.

10 novembre 1793
La cathédrale Notre-Dame de Paris est transformée en temple de la Raison, lieu d'un nouveau culte devant rassembler tous les peuples sous la devise de la liberté et de l'égalité.

Une dictature glacée

La Révolution dérape bel et bien. Hantée par le complot et la volonté d'anéantir l'adversaire, elle fait tomber « les têtes comme des ardoises un jour d'orage » selon l'accusateur Fouquier-Tinville. Le Comité de salut public, qui concentre tous les pouvoirs, s'isole et se divise. Sa fin est proche.

Ses ennemis ont raison de Danton, lui à qui la Révolution doit tant. Après un procès tumultueux où il finit par être exclu, le révolutionnaire hurle dans la charrette qui le mène à la guillotine : « Peuple, on te trompe ! On massacre tes défenseurs ! »

L'ennemi repoussé sur tous les fronts

En quelques mois, la politique de la Terreur remporte des succès spectaculaires. Des victoires permettent de débloquer les frontières au nord et à l'est. La Savoie est reconquise et les Espagnols, dans le Sud-Ouest, doivent stopper leur avancée. Les révoltes intérieures sont écrasées au prix d'une violence inouïe. Insurrections fédéralistes, guerre de Vendée et soulèvements royalistes à Lyon, Toulon et Marseille, une fois matés durant l'été et l'automne 1793, sont suivis d'une terrible répression.

DES DÉBUTS PROMETTEURS

En 1793, à Toulon, les fédéralistes qui s'insurgent sont vite supplantés par les royalistes. Ils ouvrent le port à la flotte anglaise et font basculer la ville dans la contre-révolution. Dans l'armée française qui l'assiège s'illustre un commandant de l'artillerie : Bonaparte. En envoyant une pluie de boulets sur les deux principaux forts et en donnant lui-même l'assaut, le jeune Corse permet d'enlever Toulon aux Anglais en décembre 1793. Ce premier fait de guerre lui vaut à 24 ans le titre de général de brigade.

Lors de la fête de l'Être suprême, le 8 juin 1794, Robespierre, organisateur de la cérémonie, en est aussi l'acteur principal. Au sommet d'une butte artificielle, il salue les soldats qui l'acclament en se tenant à côté d'une statue symbolisant le génie du peuple français.

12 novembre 1793
Un décret interdit le vouvoiement en France et établit la règle du tutoiement. S'inspirant de cet usage dans la Rome antique, on veut ainsi marquer l'égalité de tous les citoyens entre eux. Cette mesure est supprimée en juin 1795.

Le 4 février 1794
La Convention abolit l'esclavage dans l'ensemble des colonies françaises. Une mesure dictée par l'humanisme mais aussi par les circonstances : ramener le calme à Saint-Domingue où les esclaves sont toujours insurgés. Elle est supprimée par Napoléon en 1802.

La victoire de Fleurus sur les coalisés, le 26 juin 1794, grâce notamment à Jourdan, permet aux Français de réoccuper la Belgique.

Faut-il maintenir la Terreur ?

Les dangers étant écartés, cette question divise gravement les hommes de la Convention. Une aile extrémiste appuyée par Hébert, le rédacteur du journal *Le Père Duchesne*, et par des sans-culottes, exploite la colère du peuple attisée par le mauvais ravitaillement. Les députés doivent, par conséquent, prendre des mesures encore plus radicales et menacent de préparer une nouvelle insurrection. À l'opposé, Danton, dont les idées sont exprimées dans *Le Vieux Cordelier* de Camille Desmoulins, souhaite une atténuation de la Terreur. Face à ces opposants de gauche et de droite, le Comité de salut public frappe fort. Les uns, les « ultra-révolutionnaires » comme Hébert, sont arrêtés et guillotinés en mars 1794, les autres, les « indulgents » dont Danton et Desmoulins, le sont en avril. Les sections sans-culottes sont supprimées.

LES CHIFFRES DE LA TERREUR

Le bilan humain de la Terreur reste toujours inconnu à ce jour. Le chiffre de 35 000 à 40 000 victimes est accepté par les historiens. Mais il ne prend pas en compte les personnes tuées lors des guerres civiles, encore moins les décès survenus dans les affrontements aux frontières, qui auraient fait 250 000 pertes humaines.

La dictature de Robespierre

Au printemps 1794, le Comité de salut public, dominé par Robespierre, paraît tout-puissant. « La Révolution est glacée » affirme Saint-Just. La grande fête civique du 8 juin 1794 cherche à faire accepter cette nouvelle étape de la Révolution. Mais deux jours plus tard, la terrible **loi du 22 prairial** (10 juin 1794) permet à la violence politique de se déchaîner. Elle aboutit à la « Grande Terreur » qui fait plus de victimes en un mois que d'octobre 1793 à mai 1794 ! Le 26 juin, la **victoire de Fleurus** contre les Autrichiens éloigne la menace ennemie et pousse une majorité de députés à conspirer contre Robespierre qui ne veut pas changer de politique. Le **9 thermidor** (27 juillet 1794), il est arrêté et guillotiné sans jugement le lendemain, avec Saint-Just.

Arrêté avec ses amis, Robespierre tente de lancer un appel aux sans-culottes. Peine perdue. Il veut se donner la mort, mais se rate. Il est guillotiné.

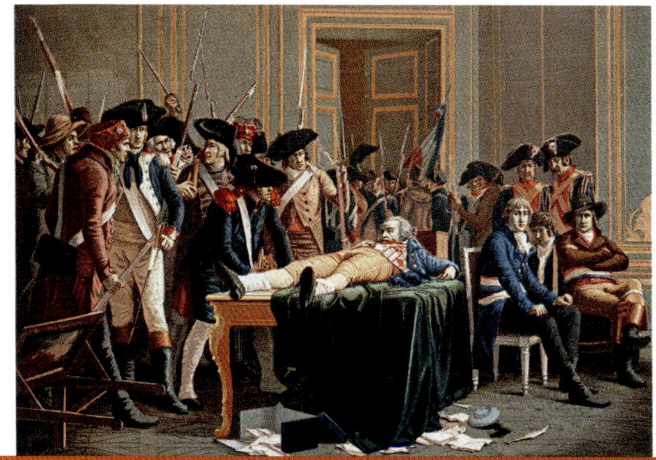

mars 1794
Le Polonais Tadeusz Kosciuszko, à la suite du deuxième partage de la Pologne de 1793, prend la tête d'un soulèvement contre l'occupation russe. Mais il est fait prisonnier et il ne peut éviter le dernier partage de son pays, en 1795, qui le fait disparaître de la carte de l'Europe.

8 mai 1794
Le grand chimiste français Antoine Lavoisier est guillotiné. Il est exécuté pour avoir été fermier général, celui qui était chargé de la perception d'impôts sous l'Ancien régime.

La Révolution est-elle finie ?

La question semble posée après la mort de Robespierre : la réaction à sa politique triomphe et les opposants à la République relèvent la tête...

La jeunesse dorée rivalise d'excentricités. Les vêtements sont démesurés, la démarche est dandinée et la façon de parler exclut les « r ». On entend sans cesse : « C'est incoyable ! »

VOIR L'HISTOIRE

La réaction contre la Terreur

À la Convention, les **députés modérés** ont désormais les mains libres. Attachés à la République mais hostiles à la concentration des pouvoirs, ils suppriment toutes les mesures imposées par la Terreur. Le Comité de salut public perd de son importance. La loi des suspects est annulée. Les prisons se vident et les Montagnards, compromis par leurs excès, sont guillotinés, arrêtés ou écartés. La signature des accords de La Jaunaye en février 1795 met fin à la guerre de Vendée. La France accepte d'y rendre libre le culte à condition que la Vendée reconnaisse la République française. Mais peu après, le conflit rebondit. La liberté de la presse est rétablie, ainsi que la liberté économique par la suppression du maximum. La paix est conclue avec la Prusse, l'Espagne et la Hollande qui signent les traités de Bâle et celui de La Haye entre avril et juillet 1795.

Luxe, violence...

Le pays respire. Dans les beaux quartiers de Paris, les riches, avides de plaisir, expriment avec tapage leur fureur de vivre et leur soif de dépenser. « Merveilleuses » et « Incroyables » portent des tenues excentriques et se retrouvent dans des bals ou dans des salons. Là, se côtoient des bourgeois enrichis, des émigrés revenus en France ou d'anciens révolutionnaires. Mais la réaction prend par endroits une tournure violente. Dans la capitale, les Muscadins de la jeunesse dorée circulent en bandes armées de gourdins. Ils pourchassent les révolutionnaires les plus engagés, les Jacobins et les sans-culottes, en saccageant leurs lieux de réunion. Le 12 novembre 1794, le Club des Jacobins est fermé. En province, dans le sud-est, ce sont les royalistes qui les terrorisent et les massacrent : c'est la Terreur « blanche ». La Convention ne dit rien de peur d'un retour des sans-culottes.

14 juillet 1794
Le chant du départ, appelé d'abord *Hymne à la liberté*, est composé. Il est aussitôt imprimé et distribué aux armées de la République. Il sera l'hymne national du Premier Empire.

septembre 1794
La nouvelle de la victoire française de Condé-sur-l'Escaut contre les Autrichiens met quinze minutes pour parvenir de Lille à Paris grâce au télégraphe optique de Claude Chappe.

... et misère

Mais le peuple, lui, est accablé par la misère. Surtout au cours du terrible hiver 1794-1795 où les denrées sont rares et la hausse des prix vertigineuse en raison de la suppression du maximum. Alors, au printemps 1795, Babeuf, dit Gracchus, un journaliste du *Tribun du peuple,* appelle à l'insurrection. Des émeutes de la faim explosent et, à Paris, les sans-culottes se remettent en mouvement, réclamant la restauration du maximum. L'échec est total. La Convention fait appel à l'armée pour les désarmer. Pour la première fois depuis 1789, le peuple est réduit à l'impuissance et cesse d'être une force politique...

Le 1er avril 1795, un torrent humain se déverse à la Convention et crie : « Du pain ! » Durant le dernier hiver, on a rarement eu aussi froid. Le « bonhomme Misère » est revenu.

Préparer la suite

Ainsi, dans le but d'établir un régime stable auquel aspire la nation, une nouvelle Constitution est rédigée et votée au cours de l'année 1795 (an III). Elle supprime le suffrage universel* et rétablit le suffrage censitaire. Les électeurs, de riches propriétaires, élisent les membres des deux assemblées législatives : **le Conseil des Cinq-Cents et celui des Anciens**. Le pouvoir exécutif est confié à cinq Directeurs, d'où le nom du futur régime : **le Directoire**. Ce travail accompli, la Convention se sépare le 26 octobre 1795. Quelques jours avant, elle a dû écraser à coups de canon une émeute royaliste à Paris (13 vendémiaire ou 5 octobre) en faisant appel au général Bonaparte. Il semble que la République ait besoin de l'appui de l'armée pour survivre.

Pour mater l'insurrection royaliste, le Directeur Barras fait appel au général Bonaparte. Celui-ci fait tirer sur les insurgés qui se sont réfugiés dans l'église Saint-Roch. Ils finissent par se replier. Bonaparte est surnommé alors « le général Vendémiaire ».

28 septembre 1794
Dans le but de former les futures élites de la République, l'École centrale des travaux publics, future École polytechnique est créée. Le 10 octobre, c'est le Conservatoire national des arts et métiers et le 30 octobre, l'École normale de l'an III visant à former des maîtres.

octobre 1794
Des fermiers de l'État américain de Pennsylvanie se révoltent contre l'impôt taxant le whisky. Le président George Washington, afin d'affirmer la puissance fédérale, réprime la révolte à l'aide de son armée qui massacre les manifestants.

Alors qu'au palais du Luxembourg à Paris (Sénat actuel), les cinq Directeurs paradent au milieu d'une grande opulence, l'époque est désespérée pour la majorité de la population. Il n'y a plus d'autorité et l'administration est impuissante.

Le Directoire, un régime impuissant

La nouvelle Constitution cherche à asseoir durablement la République, mais le régime qu'elle instaure est faible, peu aimé et hérite d'une situation économique catastrophique. Comment faire alors pour durer ?

La ruine

Le désordre monétaire atteint son comble. L'assignat, cette monnaie en papier qui n'a cessé de se déprécier depuis sa création en décembre 1789, perd toute valeur. Il est remplacé en mars 1796 par le **mandat territorial** qui s'effondre à son tour pour être supprimé en juillet 1797. En conséquence, les rentiers comme les créanciers, ceux qui sont remboursés en monnaie sans valeur, sont ruinés. Le Trésor public est vide et les fonctionnaires ne sont plus payés. L'État ne peut vivre que grâce au pillage et aux impôts prélevés dans les pays conquis. La misère due à la pénurie et à la vie chère est le lot du plus grand nombre, surtout lors de l'hiver 1795-1796, encore plus rigoureux que le précédent. L'insécurité aggrave le désespoir. Dans toute la France, des bandes de brigands attaquent les diligences et brûlent même les pieds des paysans pour connaître la cachette de leur magot.

Des brigands attaquent le courrier de Lyon entre Lieusaint et Melun, en avril 1796.

1795
Nicolas Appert, formé au métier de confiseur, met au point une invention qui permet de conserver des aliments. Placés dans des bouteilles en verre hermétiquement fermées, ils sont stérilisés par la chaleur. Ce procédé intéresse bientôt les armées pour le ravitaillement des soldats.

21 février 1795
La liberté de culte est rétablie. Le catholicisme est à nouveau pratiqué à partir du 31 mai, lorsque les églises qui n'ont pas été vendues comme biens nationaux sont réouvertes.

La fortune

Pendant que le peuple meurt de faim, les nouveaux riches édifient d'immenses fortunes. Ce sont les fournisseurs aux armées, les spéculateurs, souvent proches du pouvoir, plus préoccupés à dépenser qu'à investir leur argent. Ainsi apparaît un nouveau groupe social composé de nantis menant joyeuse vie auprès des Merveilleuses et des Incroyables dans les brillantes soirées organisées notamment par Joséphine de Beauharnais, la future épouse de Bonaparte. Les dirigeants politiques entretiennent ce climat malsain. Barras, l'un des Directeurs, propose même de rétablir la royauté si des royalistes acceptent de lui donner 12 millions de francs or !

Barras, l'un des Directeurs, offre des fêtes somptueuses, fréquente les trafiquants de tout poil ainsi que les banquiers les moins recommandables. Il s'enrichit de façon scandaleuse au détriment du pays qui souffre.

Caricature sur les révolutionnaires d'hier, devenus les nouveaux riches du Directoire.

Frapper à droite, frapper à gauche

Dans ces conditions, le régime, vite détesté, a du mal à durer. Pour tenir tête à la double menace royaliste et populaire (ou jacobine), il viole ouvertement la loi. C'est le recours à l'armée, le truquage ou l'annulation des élections, l'exclusion de nouveaux députés élus... En septembre 1797 (le 18 fructidor an V), trois des Directeurs font eux-mêmes un coup d'État. L'armée leur prête main forte pour éliminer les deux autres, déporter les chefs royalistes et couvrir une nouvelle Terreur. En mai 1798, une centaine d'élus jacobins sont révoqués... C'est du côté de ces opposants que le Directoire doit affronter le danger le plus sérieux dès 1796. Un complot, la « Conjuration des Égaux », se prépare, Babeuf et Buonarotti à sa tête. Il vise à établir une société fondée sur la mise en commun des biens et la suppression de l'héritage. Ce projet novateur échoue. Arrêté, Babeuf est guillotiné en mai 1797.

Babeuf est le premier à proposer un projet communiste avant ceux du XIXe siècle.

7 avril 1795
La Convention institue le système métrique pour simplifier et unifier les poids et mesures sur tout le territoire. La nouvelle unité, le mètre (du grec *metron*, mesure), est définie ainsi que le litre, le gramme, l'are, le stère.

31 mai 1795
Le tribunal révolutionnaire est supprimé après avoir prononcé 278 condamnations à mort depuis la mort de Robespierre.

Le Directoire pris au piège

La guerre assure la survie du régime en remplissant les caisses de l'État. Mais, en même temps, elle l'affaiblit en offrant un marchepied aux chefs militaires. Bonaparte l'a bien compris. Il la met au service de son ambition.

Le peintre David rencontre Bonaparte et admire aussitôt ce brillant général de l'armée d'Italie. En une seule séance de pose, il fait son portrait, resté toutefois inachevé. Bientôt, il devient le peintre officiel de l'homme devenu chef d'État.

Le plan de Carnot

La Convention, en 1795, a signé la paix avec certains coalisés (Prusse, Espagne et Hollande) mais d'autres, comme l'Autriche et l'Angleterre, ne baissent pas les armes. En dépit de l'état désastreux de l'armée depuis la mort de Robespierre, Carnot, devenu l'un des Directeurs, jette toutes ses forces contre ces deux pays en 1796. Le débarquement de Hoche en Irlande, visant à soulever l'île contre les Anglais, échoue. Mais les armées d'Allemagne, commandées par Jourdan et Moreau, sont lancées contre les Autrichiens, comme celle d'Italie considérée comme secondaire. L'armée d'Italie, mal équipée et peu disciplinée s'ébranle, derrière son général de 27 ans, Bonaparte.

21 juin 1795
L'explorateur écossais Mungo Park, parti depuis deux ans pour faire la reconnaissance du cours du Niger, de sa source à son embouchure, atteint enfin le fleuve à Ségou. Cette découverte lève le mystère sur l'existence de ce cours d'eau.

21 juillet 1795
Le général Hoche bat la troupe royaliste formée d'émigrés français et d'Anglais. Débarquée à Quiberon un mois avant, elle reçoit le renfort des Chouans du Morbihan ainsi que des Vendéens qui ont repris les armes. Le bilan est lourd : 2 000 morts et 6 000 prisonniers.

La glorieuse campagne d'Italie

En un an, Bonaparte remporte des batailles éclatantes. Il sait parler à ses hommes à qui il promet « gloire, honneur, richesses ». Il innove avec audace en ordonnant des mouvements rapides et en concentrant les attaques. Ainsi s'ouvre successivement devant lui le chemin de Turin, de Milan, de la plaine du Pô. Sous une pluie de balles, il franchit le pont d'Arcole et arrache la victoire le 17 novembre 1796. Puis il s'enfonce jusqu'au Tyrol et s'approche de Vienne, la capitale de l'Empire austro-hongrois. Un an plus tard, le 17 octobre 1797, par le **traité de Campo-Formio**, l'Autriche cède à la France la Belgique, des territoires le long du Rhin et l'Italie du Nord. Entre temps, Bonaparte se conduit en maître dans les pays conquis. Il lève des troupes, impose des impôts très lourds, fait des lois. De sa propre autorité, il déclare la guerre à Venise, transforme la Lombardie en République cisalpine. Il s'entoure d'une cour, rançonne le pays, fait transférer en France des œuvres d'art... À cette politique d'annexion, le Directoire y voit des avantages, notamment financiers. Le régime décide de créer au-delà des frontières des « **Républiques-sœurs** », nouveaux territoires de la « Grande Nation » française.

Reste l'Angleterre...

Pour l'affaiblir, il suffit de couper la route maritime des Indes, vitale pour son commerce, en partant à la conquête de l'Égypte. Cette proposition de Bonaparte est aussitôt approuvée par le Directoire : il est si content de voir s'éloigner un général populaire et encombrant ! En juillet 1798, ce dernier entre au Caire. Mais sa victoire est sans lendemain. L'amiral Nelson détruit les 225 navires de la flotte française à Aboukir, le 1er août. La Turquie, possédant l'Égypte, déclare la guerre à la France. Le « rêve oriental » vire au désastre. Bonaparte confie l'armée à Kléber et décide, en octobre 1799, de rentrer en France où le Directoire est dans l'impasse. Ce dernier a du mal à faire face à la guerre déclenchée par tous les États européens (sauf la Prusse et l'Espagne), rassemblés depuis fin 1798 dans la deuxième coalition. Il lui faut un sauveur.

« Soldats, songez que du haut de ces pyramides, quarante siècles vous contemplent ! » déclare Bonaparte avant de tailler en pièces la redoutable cavalerie des Mamelouks. Les savants qui l'accompagnent explorent le site et font des relevés. L'expédition en Égypte n'est pas seulement militaire, elle est aussi scientifique.

janvier 1796
Le Français Robert Surcouf accomplit son premier exploit de corsaire à 23 ans dans l'océan Indien. Il attaque un grand navire britannique de commerce trois fois plus grand que le sien ! Le marin de Saint-Malo est si efficace qu'il prend sa retraite à 36 ans, fortune faite !

14 mai 1796
L'Anglais Edward Jenner inocule à un garçon la vaccine, une maladie de la vache transmissible à l'homme, proche de la variole alors souvent mortelle. Il constate que le patient atteint de la vaccine ne développe pas la variole. Avec une dose de vaccine, on est donc immunisé contre la variole !

Le coup de force de Bonaparte

En octobre 1799, le Directoire est à l'agonie pendant que Bonaparte, de retour d'Égypte, entame une marche triomphale vers Paris. Sous les acclamations, ses yeux brillent et son visage est grave. Il va à la rencontre de son destin.

La lassitude générale

Pour porter un coup fatal au régime faible et décrié, la situation paraît mûre. Les Français, entraînés depuis dix ans dans la tourmente de la Révolution, sont fatigués. Dans leur immense majorité, ils aspirent à la stabilité et à la paix. La bourgeoisie veut bénéficier de tous ses acquis et faire fructifier ses richesses : elle a besoin d'un régime fort. Sieyès, l'un des cinq Directeurs, va dans ce sens. Il souhaite renforcer le pouvoir exécutif en proposant de réviser la Constitution de l'an III. Mais comme cela paraît compliqué et long, il opte pour le renversement du Directoire par la force.

Le complot

Sieyès, soutenu par les ministres Fouché et Talleyrand, par des banquiers et des hommes d'affaires, est à la recherche d'une « épée ». Celle d'un général qui lui assurerait le soutien de l'armée, condition indispensable à la réussite d'un coup d'État. Le très populaire Bonaparte, de retour d'Égypte, semble être l'homme de la situation. Lui-même le pense. N'a-t-il pas déclaré : « J'arriverai à Paris, je chasserai ce tas d'avocats (députés) qui se moquent de nous et qui sont incapables de gouverner la République ! » ? Il bénéficie d'appuis : son ami, Murat, et son frère, Lucien, président du Conseil des Cinq-Cents. Le complot est en marche.

Les 18 et 19 brumaire

Le 9 novembre 1799 (18 brumaire an VIII), le bruit court qu'une conspiration menace le Directoire. Les deux assemblées décident alors de se mettre à l'abri au château de Saint-Cloud et confient le commandement des troupes de Paris à Bonaparte. Le lendemain, les députés, voyant le château cerné par les soldats, se rendent à l'évidence : ils sont tombés dans un piège. Bonaparte fait irruption dans la salle où siègent les Cinq-Cents, entouré de ses gardes. Dans une mêlée indescriptible, il est bousculé et hué aux cris : « À bas le dictateur ! » Son frère vient à la rescousse. Il appelle les soldats et ceux-ci, au son du tambour, envahissent la salle pour disperser les députés qui fuient. Une poignée est rattrapée. Sous la contrainte, elle accepte de nommer trois consuls : Bonaparte, Sieyès et Ducos, chargés de préparer une nouvelle constitution. Le Directoire vient de rendre l'âme. Et « la Révolution est fixée aux principes qu'ils l'ont commencée ; elle est finie », comme le déclarent peu après les trois hommes.

1798
À Paris est inaugurée la première exposition industrielle. Il s'agit de stimuler le développement de l'économie par la présentation de découvertes. L'invention de Nicolas Conté attire les curieux : une mine de graphite et d'argile insérée dans un bout de bois. C'est le crayon de papier !

28 janvier 1798
La ville de Mulhouse en Alsace qui était jusque-là une cité-état est rattachée à la France. Elle garde le nom de Mülhausen jusqu'en 1848, avant de porter le nom francisé de Mulhouse.

15 juillet 1799
À Rosette, en Égypte, au cours de l'expédition de Bonaparte, un soldat français découvre une stèle en pierre portant trois textes antiques gravés chacun dans une écriture différente. Elle permettra à Jean-François Champollion de déchiffrer les hiéroglyphes à partir de 1821.

16 juillet 1799
Le savant allemand Alexander von Humboldt et le Français Aimé Bonpland arrivent au Venezuela et commencent leur voyage d'exploration scientifique qui dure jusqu'en 1804. Ils apportent une contribution décisive à la connaissance de l'Amérique latine.

Le peintre Eugène Delacroix immortalise la liberté dans cette figure féminine coiffée du bonnet phrygien et brandissant le drapeau tricolore. C'est en son nom qu'éclatent les révolutions en France pendant le XIXe siècle.

Que doit-on à la Révolution française ?

Elle présente de grandes zones d'ombres par son recours à la force, l'explosion de la violence, les massacres, les exécutions qui se font en son nom. Elle pose aussi les fondements d'un monde nouveau et prépare des changements considérables. Rien ne sera plus comme avant.

Liberté et égalité des droits

La Déclaration des droits de l'homme et du citoyen de 1789, qui garantit ces deux principes fondamentaux, a une portée considérable. Elle donne à l'individu une dignité et une importance nouvelles. Désormais, tous les hommes naissent égaux en droit devant la loi, la justice et l'impôt. Ils bénéficient de la liberté individuelle et deviennent libres de penser, de croire et de s'exprimer. Ainsi, ils sont délivrés de leur situation de dépendance. Ils ne sont plus les sujets d'un roi détenant un pouvoir absolu sur chacun d'eux. Ils sont désormais les citoyens d'une société sans privilèges où seuls doivent compter le mérite et le talent. Dans le domaine économique, le principe de la liberté supprime le contrôle par l'État.

13 février 1800
Dans le but de réorganiser les finances de l'État, le consul Bonaparte fonde la Banque de France en lui donnant pour mission de créer une nouvelle monnaie stable. Il s'agit du franc germinal qui voit le jour en avril 1803.

2 décembre 1804
Sacre de Napoléon Ier qui devient empereur des Français. Dès ce jour, tous les pouvoirs sont concentrés entre ses mains. Il s'entoure d'une cour et institue une noblesse impériale. Il crée la Légion d'honneur, des « hochets » pour récompenser les plus fidèles serviteurs de l'État...

En souvenir de 1792, le soldat français est toujours prêt à défendre sa patrie, le pays qui, le premier, a su faire triompher les valeurs d'égalité et de liberté. C'est ce que montre cette affiche de 1939, à l'heure où l'ennemi allemand menace les frontières.

Les bases d'un État moderne

La Révolution remplace la souveraineté absolue* du roi par celle de la Nation. De ce fait, les citoyens français sont appelés à participer à une vie politique en désignant leurs représentants grâce au droit de vote (suffrage censitaire et suffrage universel*). Des constitutions écrites précisent désormais les libertés et les droits politiques et règlent le fonctionnement des pouvoirs exécutif, législatif et judiciaire qui sont séparés, c'est-à-dire exercés par des personnes différentes. Comme la Nation est une entité indivisible (elle ne peut être divisée), les Français sont tous soumis à la même administration, la même justice et la même fiscalité. L'usage de la langue française s'impose à tous. L'emploi du système métrique uniformise les poids et mesures. Le découpage en départements est utilisé sur tout le territoire. Là, se met en place une administration durable et efficace, au service d'un État renforcé.

HÉRITAGES

La IIIe République en France s'installe à partir de 1870 et, pour s'enraciner, choisit des symboles hérités de la Révolution française. En 1879, *La Marseillaise* devient l'hymne national, et la date du 14 juillet, le jour de la fête nationale, à partir de 1880. Cette date rappelle le souvenir de la fête de la fédération du 14 juillet 1790 qui avait rassemblé la Nation.

La France, phare de l'Europe et du monde

Le retentissement de la Révolution française est immense. Ses principes et les institutions qu'elle met en place suscitent l'admiration. Ils gagnent l'Europe par la vertu de leur exemple et aussi par la force des armes. Presque partout, ils sont adoptés par des gouvernements dépendants de la France : républiques-sœurs, départements de l'Empire de Napoléon. Ou par d'autres, soucieux d'améliorer l'efficacité de leur État, comme en Prusse. Et surtout, après 1815, les idées semées par la France nourrissent les grands mouvements libéraux du XIXe siècle. Celle du droit des peuples à disposer d'eux-mêmes a un grand impact. Elle développe l'idée de Nation, éveille le sentiment national et fissure peu à peu les vieilles monarchies européennes.

Dans un grand souffle épique, le sculpteur François Rude représente sur l'Arc de Triomphe de Paris le départ des volontaires de 1792 incarnant l'idée du patriotisme.

1er janvier 1806
Napoléon décide de revenir au calendrier grégorien en abandonnant le calendrier révolutionnaire en vigueur depuis 1792. Ce dernier n'est jamais entré dans les habitudes quotidiennes des Français. De plus, il complique l'administration des États de l'Empire qui n'en ont pas changé.

22 juin 1815
Napoléon abdique une deuxième fois après être revenu en France le 1er mars 1815 et après avoir été battu à la bataille de Waterloo le 18 juin 1815 par les armées européennes coalisées contre la France. Il est exilé à l'île de Sainte-Hélène où il meurt en 1821.

Lexique

Absolutisme *voir Monarchie absolue*

Circonscription
Division administrative, militaire et religieuse d'un territoire.

Corporation
Groupement professionnel rassemblant tous les membres d'un même métier : maîtres, compagnons et apprentis.

Droit de veto suspensif
Droit du roi de s'opposer à la promulgation d'une loi votée par les députés de l'Assemblée.

Monarchie absolue
Système politique dans lequel un homme seul, le monarque ou le roi, gouverne en concentrant tous les pouvoirs entre ses mains.

Octroi
Taxe frappant les marchandises entrant dans une ville.

Souverain absolu *voir Monarchie absolue*

Suffrage universel
Mode d'élection selon lequel tous les citoyens ont le droit de vote. Ce droit est limité aux hommes jusqu'en 1945 en France. Il s'oppose au suffrage censitaire qui écarte du vote ceux qui ne paient pas d'impôts, soit le tiers des Français à cette époque.

Souveraineté
Source du pouvoir. Jusqu'en 1789, seul le roi exerce le pouvoir. Après, c'est le peuple ou la nation, c'est-à-dire l'ensemble des citoyens, qui le détient.

Veto
Droit de s'opposer à une décision. Du latin « je dis non ».

Acteurs de la Révolution

Bailly, Jean (1736-1793)
Ce savant est élu député du tiers état aux États généraux de 1789, puis choisi comme président de l'Assemblée le 17 juin, avant d'être nommé à la tête de la mairie de Paris entre juillet 1789 et novembre 1791. En 1793, il meurt guillotiné.

Babeuf François, dit Gracchus (1760-1797)
Après avoir été emprisonné pendant une partie de la Terreur, il fonde le journal *Le Tribun du peuple,* où il expose ses théories communistes comme celle de la suppression du droit de propriété. En 1796, son complot visant à renverser le Directoire, « la Conjuration des Égaux », échoue. Il est arrêté en mai 1796 et exécuté l'année suivante.

Barras, Paul (1755-1829)
Ce député montagnard est l'un des principaux responsables de la chute de Robespierre. Il fait écraser par Bonaparte l'insurrection royaliste du 13 vendémiaire (5 octobre 1795) contre la Convention. Élu Directeur en octobre 1795, il devient l'un des premiers personnages de l'État avant d'être évincé par Bonaparte, lors du coup d'État du 18 brumaire (9 novembre 1799).

Bonaparte, Napoléon (1769-1821)
Issu d'une famille noble corse, il entre à l'école militaire de Brienne à l'âge de 10 ans. Partisan de la Révolution, il sort de l'ombre par deux coups d'éclat militaires, d'abord à Toulon en 1793, puis à Paris en 1795. Marié à Joséphine de Beauharnais en 1796, il part chercher la gloire en Italie puis revient de sa campagne d'Égypte pour mettre en œuvre le coup d'État de 1799. D'abord consul à vie, il est sacré empereur des Français le 2 décembre 1804. Après 15 années de règne et autant de guerres, il est contraint d'abdiquer le 6 avril 1814.

Brissot de Warville, Jacques (1754-1793)
Cet écrivain et homme politique exerce une grande influence à travers son journal fondé en 1789, *Le Patriote français*. Élu à la Convention, il est favorable à la guerre en 1792 et réunit autour de lui les Girondins. Opposé à Robespierre, il est guillotiné en 1793.

Carnot, Lazare (1753-1823)
Ce député, montagnard militaire et savant, entre, en 1793, au Comité de salut public où il réorganise l'armée avec efficacité

pour repousser l'invasion étrangère. Opposé à Robespierre, il participe à sa chute et devient membre du Directoire en 1795. En 1799, il est rappelé par Bonaparte avant de s'opposer à lui sur la direction à donner au nouveau régime.

Danton, Georges (1759-1794)
voir texte p. 34

Desmoulins, Camille (1760-1794)
voir texte p. 34

Dumouriez, Charles-François du Périer dit (1739-1823)
Ami de Mirabeau et de La Fayette, ce militaire d'origine noble, acquis aux idées de la Révolution, contribue à décider Louis XVI à déclarer la guerre. Commandant en chef de l'armée du Nord, il gagne la bataille de Valmy contre les Prussiens, Jemmapes contre les Autrichiens, et conquiert la Belgique. Après sa défaite à Neerwinden, il est accusé de trahison et passe à l'ennemi. Il finit sa vie en exil.

Fouquier-Tinville, Antoine (1746-1795)
Cousin de Desmoulins, cet homme de loi est Accusateur public au tribunal révolutionnaire en 1793 et 1794. Symbole de la cruauté et de la justice expéditive sous la Terreur, il prononce 2 000 condamnations à mort. Bien que neutre lors de la chute de Robespierre, il est exécuté en 1795 par les Thermidoriens.

Gouges, Olympe de, Marie Gouze dite (1748-1793)
voir texte p. 35

Hébert, Jacques René (1757-1794)
Dans son journal *Le Père Duchesne* qu'il fonde en 1790, il exprime dans un langage violent des idées radicales. Porte-parole des sans-culottes, il les pousse à faire pression sur la Convention pour exiger un renforcement de la Terreur. Il est guillotiné en 1794.

La Fayette, Gilbert Motier de (1757-1834)
Après la guerre d'indépendance des États-Unis, il prend une part active à la Révolution en tant que député de la noblesse aux États généraux, puis comme commandant de la garde nationale. De 1792 à 1797, il est prisonnier des Autrichiens.

Louis XVII (1785-1795)
Âgé de 10 ans, Louis XVII, fils de Louis XVI et de Marie-Antoinette, meurt à la prison du Temple, après trois ans de captivité. En 2000, l'analyse de l'ADN de son cœur, conservé à la basilique de Saint-Denis, met un terme aux rumeurs entourant la disparition de l'enfant.

Marat, Jean-Paul (1743-1793)
voir texte p. 35

Mirabeau, Honoré Gabriel de (1749-1791)
Ce noble provençal, connu pour sa vie mouvementée, est député du tiers état aux États généraux. Son éloquence le rend célèbre. Grand partisan des réformes, il défend cependant le pouvoir royal, ce qui l'amène à être le conseiller secret du roi. Il meurt en pleine gloire en 1791.

Necker, Jacques (1732-1804)
Ce banquier de Genève vivant à Paris dirige les Finances de 1777 à 1781, puis de 1778 à 1790. Désireux de réformer la monarchie, il tente de rétablir l'équilibre financier, en vain. Après sa démission, il se retire en Suisse.

Robespierre, Maximilien de (1758-1794)
voir texte p. 35

Roland de La Platière, Jeanne-Marie, dite Manon Phlipon (1754-1793)
Cette femme d'esprit et de caractère anime un salon où se réunissent des hommes politiques, dont son mari député girondin. Elle inspire leur action et subit comme eux le sort de la guillotine le 8 novembre 1793, les sans-culottes les accusant de ne pas vouloir s'engager plus dans la Révolution. Jusqu'à sa mort, elle dénoncera la Terreur.

Saint-Just, Louis (1767-1794)
À la Convention, ce jeune député de 25 ans devient l'un des Montagnards les plus intransigeants. Membre du Comité de salut public, il est envoyé en mission dans les armées au sein desquelles il rétablit la discipline. Arrêté avec Robespierre en 1794, il est guillotiné.

Sieyès, Emmanuel (1748-1836)
Aux premières heures de la Révolution, cet homme d'Église se trouve sur le devant de la scène et joue un rôle très actif. Puis il s'éloigne, réapparaît en 1793, disparaît pendant la Terreur pour revenir en pleine lumière, en tant que Directeur, en 1799. Robespierre, qui voit en lui l'homme des manœuvres secrètes, le surnomme « la taupe ».

Talleyrand-Périgord, Charles Maurice de (1754-1838)
Évêque d'Autun, député du clergé aux États généraux, il propose la nationalisation des biens de l'Église en 1791. Après un exil, cet homme ambitieux et intrigant rentre en France en 1796, devient ministre et protège Bonaparte qu'il sert jusqu'en 1807.

VOIR LES ANIMAUX

VOIR L'HISTOIRE

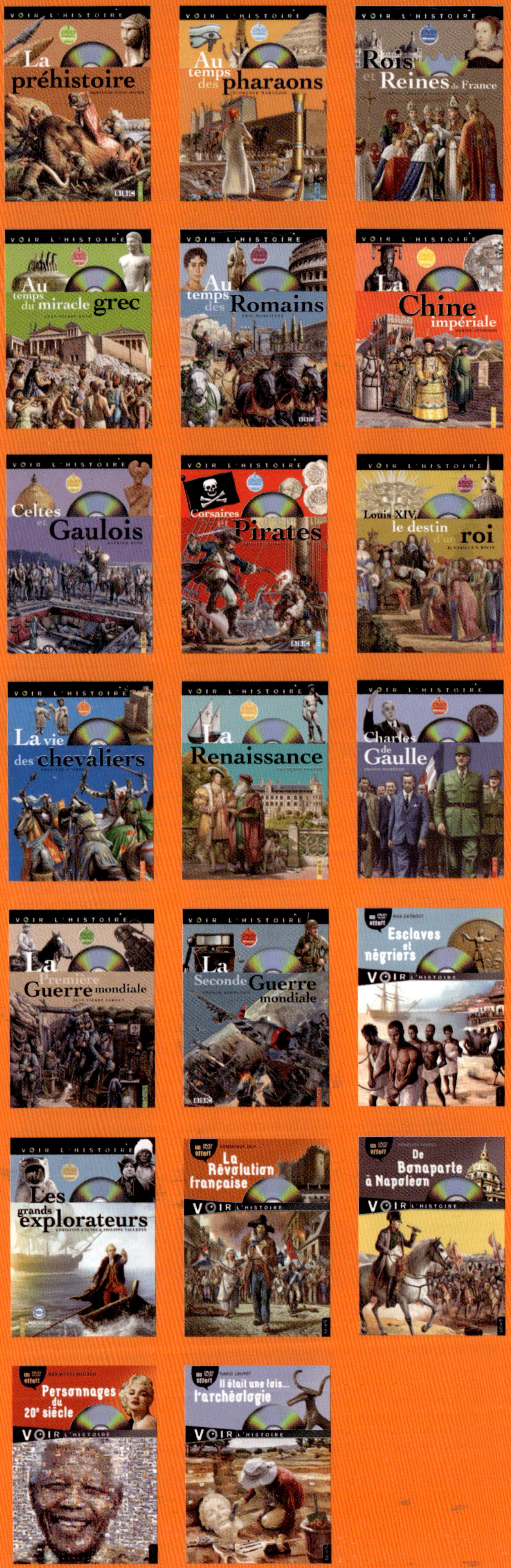